JN058556

教育カウンセリングで
徹底サポート！

不登校の
予防と対応

会沢信彦・諸富祥彦・大友秀人 編著

図書文化

まえがき

　いじめと並んで，学校教育における"喫緊の課題"と言われるのが不登校です。したがって，不登校について書かれた書物も多数にのぼります。しかし，教師が不登校の予防や支援をするために，不登校の全体像を俯瞰でき，忙しい中でも気軽に開ける「この1冊」が，思いのほか見当たらないことに気づきました。本書を企画したのは，私自身が「この1冊」を欲しかったからにほかなりません。

　さて，ここで改めて，不登校の定義をおさらいしておきましょう。

> 　連続又は断続して年間30日以上欠席し，「何らかの心理的，情緒的，身体的あるいは社会的要因・背景により，児童生徒が登校しないあるいはしたくともできない状況である（ただし，病気や経済的な理由によるものを除く）」もの

※文部科学省，不登校に関する調査研究協力者会議「不登校児童生徒への支援に関する最終報告」（平成28年7月）より

　上記は文部科学省の示す定義ですが，本書で取り上げる不登校の子どもはこれにあてはまるものだけでないことをつけたしておきます。

　ところで，大学にも，履修登録はするものの，出席できずに単位を落とす学生がいます。大学教員の知人は，出席不足により単位を取得できず，数年続けて同じ授業の履修登録をしてくる学生のことを気にしていました。今年は，新型コロナウイルス（covid-19）の影響で，授業が対面からオンラインに変わりましたが，その学生は毎回ではないものの課題を提出し，ついに単位を取得することができました。

　授業最終回にその学生は，「先生の授業は好きで，できれば毎回出席したかった。ただ，授業のある土曜日の午前という時間帯が苦手だったため，これまでなかなか出席できず，何回も単位を取得できなかった。今学期はオンライン授業だったが，昨年までの対面での授業のほうが講義の魅力が伝わりやすいと思った」というような感想を書いてくれたそうです。知人は，このエピソードについて，「対面授業のほうが魅力が

伝わりやすいと書いてくれたのはうれしいが，オンライン授業でその学生が初めて単位を取得できたことから，これまでの対面授業では，私は彼に学びの機会を提供できていなかったことに気づかされた」と語ってくれました。

このエピソードから，生徒が学校へ通うことの意味をあらためて考えさせられたいっぽうで，学校という場でしか学べないことが多くあると再確認した方も多いのではないでしょうか。オンラインなど多様な機会を取り入れながらも，「学校での学びの機会」を子どもたちに提供できることが望ましいのはいうまでもありません。

コロナ禍は，私たちに，「学びとは」，そして，学びの場である「授業とは」「学級（ホームルーム）とは」「学校とは」という，学校教育の前提について問い直す機会を与えてくれたように思います。これらの問いに対して，最も切実に答えを求めているのが，不登校の子どもたちや，先述したような学生たちだと思います。

しかし，これに対する明確な答えはありません。私たち1人1人が問い続け，考え続け，学び続けるプロセスそのものが，答えになると言ってよいのだと考えています。また，その際に，教育カウンセリングの考え方・理論・技法が，問い続け，考え続け，学び続けるためのナビゲーターになってくれることを私たち編著者は確信しています。

本書は，わが国を代表する研究者，実践家のみなさまに，不登校の予防や支援に生かせる知恵のエッセンスを，ぎゅっと絞ってお書きいただきました。みなさまのおかげで，「この1冊」に仕上がったものと自負しています。

本書をきっかけとして，不登校への理解が深まり，学びや学校に希望を抱く子どもが増えること，そして，教育という仕事に喜びを見いだすことのできる教師・教育関係者が増えることを願ってやみません。

文教大学教授

会沢信彦

教育カウンセリングで徹底サポート!

不登校の予防と対応

目 次

I部 不登校の予防と対応の基礎・基本

1章 学校が行う不登校の予防の基礎・基本

2章 学級担任が行う不登校の対応の基礎・基本

序　章

　本書は，新型コロナウイルスの流行のまっただ中で執筆・編集されました。医療，経済などさまざまな面で大きな打撃を受けましたが，教育に及んだ影響も多大でした。全国の大多数の学校が長期にわたる休校を余儀なくされたのです。2020（令和2）年6月ごろから，学校を再開する地域が増えてきましたが，まだコロナ以前の生活には程遠いものがあります。

　筆者は，そうした中で，新たな学級不適応の子ども，不登校の子どもが急増するのではないかと心配しています。

「強制的不登校状態」による危機

　コロナで休校になる以前は，「学校に行くのがあたりまえ」という前提のもと，学校教育が成り立っていました。けれども，休校により，これまでの常識が一変しました。全国の大多数の子どもがいわば強制的な不登校状態になり，「学校に行くのがあたりまえ」から，「（期間限定ではあるものの）学校に行かないのがあたりまえ」という状態におかれてしまったのです。

　筆者がスクールカウンセラーとして接している子どもに限っても，もともと不登校だった子どもにとっては，コロナでの休校期間はむしろ居心地のよいものであったようです。全員が自宅にいるため，「自分だけが取り残されている」という，これまで毎日感じていた焦燥感を感じずに済んだためです。

　いっぽう，毎日楽しく登校していた子どもにとっては，休校はつらく，早くもとのように学校へ行き，友達や先生とワイワイお話したり，新しいことを学んだりしたいと切に願っていたことでしょう。

　しかし，毎日登校している子どもの中にも，一定の割合で「潜在的な不登校傾向」をもつ子どもがいるものです。「潜在的な不登校傾向」とは，引きこもりがちであったり，内向的であったりして，学校に行って

みんなとワイワイするのはそれほど得意ではない子ども，自分を叱咤激励したり，強引に前向きになることで何とか学校に通っているような子どもです。このような潜在的な不登校傾向をもつ子どもは，実際に不登校になっている子どもの約5〜10倍はいると筆者は考えています。そして，コロナによる休校期間でこうした子どもは自分の中の潜在的な不登校傾向＝「学校に行きたくない気持ち」「家にこもっていたい気持ち」に気づき，活性化してしまったのです。「これまで自分は相当無理をして学校に行っていたのだ」と気づいてしまったというわけです。

　休校前，潜在的な不登校傾向をもつ子どもが何とか登校できていたのは，「学校に行くのがあたりまえ」という考えが，学校へ足を向かわせる，ある種の強制力として作用していたためです。しかし，休校により，学校に向かう強制力が減退してしまいました。

　大人でも，思いがけず在宅勤務が数か月続いた後は，切り替えがうまくいかず，苦しむ方は少なくないでしょう。今回の休校が子どもへ与えた影響は計り知れません。今回の休校は，普段の夏休みと違い，いつ休みが明けるかわからない，もしかしたら永遠に学校が再開しないのではないか，と思われるような「強制的不登校状態」だったのです。

　ですから，今回のようなコロナモードでの学校生活では，子どもたちが，いちはやく生活リズムを取り戻すための支援を行うことが急務です。人間関係の復旧につながるエンカウンターのエクササイズを取り入れることなどが，不登校を予防することにつながります。また，すでに不登校だった子どもに対しては，学校が再開されることで生まれる，「また自分だけ取り残されてしまう」という不安へのサポートが必要になります。

　ところで，人間関係の復旧作業は，徐々に行うことが大切です。まずは互いの顔と名前を知り，あいさつを交わしたり，わからないことを気軽に聞き合ったりできる関係をつくる軽いエクササイズを何度も行うことが有効です。例年の学級開きよりも，ていねいに「クラスメイトや学級担任は無理なくかかわることのできる人だ」と思えるような「安心で

きる人間関係」を築くサポートの重要性が増しているのです。

問い直された，学校へ通うことの意味

　コロナの与えたインパクトの1つは，子どもたちが「学校に行かなくても何とかなる」ということを身をもって体験してしまったことです。コロナによって「学校に行くことの意味」が，あらためて問い直されたのです。

　休校中，これまでのように教室で授業ができなくなり，オンライン環境の整っていない学校では，授業での代替策として宿題を用意し，各家庭に届けることで対応しました。オンライン環境の整った学校では，宿題に加え，Zoomなどの機能を使ってリアルタイムで授業を行ったり，YouTubeで授業動画を配信したりしました。

　慣れない状況に教師も子どもも四苦八苦だったと思いますが，自宅での自主学習やオンライン学習を経験することで，そのよさを実感した子どもも少なくないと思います。例えば，教室での一斉授業をものたりなく感じていた子どもにとっては，自分のペースで先へ進められる自宅学習のほうが，手応えがあるでしょう。逆に，一斉授業についていけていない子どもにとっては，自分のわからないところからゆっくり進められる自宅学習のほうが，効果の出る場合も少なくないと思います。子どもを同じ教室に集めて一斉授業をするのは非効率的なのではないかと，そんなことを考える人もいたかもしれません。

　筆者は大学の教員で，今年度の大半はオンラインで授業をしています。実際にやってみて，説明中心の講義などはオンラインで十分行えるのではないかと感じました。しかし，教員と質疑応答したり，学生同士でディスカッションしたりするのには，限界を感じることもあります。やはり教室に来て対面で行うほうが，「対話のある授業」における学びの深まりにつながりやすいのです。人との対話やかかわりは学習においても大切な要素であり，オンラインだけで授業を完結することは困難でしょう。

小・中学校でも，わからない問題を質問したり，意見を出し合って自分と違う考え方にふれたりすることを通して，学びが深まります。教科の授業（学習指導）の中にも，生徒指導の機能が働いているのです。人から教えてもらうことで，教えられた子どもは大切にされている感覚を学ぶことができ，教える子どものほうも，教える経験を通して自分が役に立つんだという自己貢献感，自己有用感をはぐくむことができるのです。

　学校には，係活動や学校行事，クラブ活動や部活動など，他者と協力して行う活動が多くあります。そこでは，考えの違う人同士の意見をまとめたり，役割分担したりするなかで，人とのかかわりを学んでいきます。こうした活動は，オンラインでできなくはありませんが，かかわる人も範囲も限定されてしまい，実際の体験には及びません。今回の休校で子どもたちが一番ダメージを受けたのは，人間関係の学習の面であったと筆者は考えています。

　不登校支援のゴールは，必ずしも学校へ行くことではないかもしれません。しかし，学校という場でしか学べないことが，多くあるのも事実です。コロナによる休校を通して，そのことを再確認したのではないでしょうか。

　このような非常事態下にこそ，教育カウンセリングの出番です。子どもの心をケアし，エンカウンターなどを使って人間関係の復旧作業に取り組むことで，不登校の未然防止を心がけてほしいのです。オンラインを便利に活用しながらも，集団生活でしか学べないこと，すなわち相手を尊重しながら，自分自身も大切にし，自分の意見や気持ちをきちんと伝えられるような人間関係を築く体験を子どもが積み上げていけるよう，サポートしていってほしいと願っています。

1章

学校が行う不登校の予防の基礎・基本

不登校児童生徒数（小・中学生）は，2018（平成30）年度調査において，最多の164,528人を記録しました。
本章では，不登校に関する認識の変化や国の施策を踏まえ，不登校を出さないための学校の在り方を説明していきます。

1 不登校の予防の在り方

❶ 不登校児童生徒への配慮

　2017（平成 29）年 3 月に改訂された小学校および中学校の「学習指導要領」に，初めて「不登校児童生徒への配慮」についての記載がなされました（下記参照，下線は筆者による）。

第 1 章　総則　第 4　児童（生徒）の発達の支援
2　特別な配慮を必要とする児童（生徒）への指導
(3)　不登校児童（生徒）への配慮
ア　不登校児童（生徒）については，保護者や関係機関と連携を図り，心理や福祉の専門家の助言又は援助を得ながら，社会的自立を目指す観点から，個々の児童（生徒）の実態に応じた情報の提供その他の必要な支援を行うものとする。
イ　相当の期間小（中）学校を欠席し引き続き欠席すると認められる児童（生徒）を対象として，文部科学大臣が認める特別の教育課程を編成する場合には，児童（生徒）の実態に配慮した教育課程を編成するとともに，個別学習やグループ別学習など指導方法や指導体制の工夫改善に努めるものとする。

※高等学校学習指導要領では，第 1 章 第 5 款の 2 の (3) に記載されている。

　記載された背景には，2016（平成 28）年 12 月 14 日に公布された「義務教育の段階における普通教育に相当する教育の機会の確保等に関する法律」（以下「教育機会確保法」という）の存在があります。これまでの不登校対策は学校復帰を前提としており，登校できない子どもに「教育を受ける権利」が十分保障されてきたとは言い難い面がありました。無理な登校刺激は状況を悪化させる懸念もあり，彼らに「（自宅等での）休養の必要性」を認めるとともに「教育を受ける機会」を十分に確保す

るという趣旨の「教育機会確保法」が制定されたのです。

　なお「教育機会確保法」には，①児童生徒の意思を十分尊重して支援が行われるよう配慮する，②不登校というだけで問題行動であると受け取られないよう配慮する，との附帯決議が付されています。②より，文部科学省が毎年行う「児童生徒の問題行動等生徒指導上の諸問題に関する調査」の名称が，2016（平成28）年度調査から「児童生徒の問題行動・不登校等生徒指導上の諸課題に関する調査」（下線は筆者）に改められました。

　学校は，前掲した「学習指導要領」（抜粋）の文面にあるように，これまで以上に不登校の子どもの社会的自立をめざした支援を行うとともに，指導方法や指導体制の工夫改善に努めることが求められています。具体的には，ICTを活用した指導方法や指導体制の工夫が考えられます。「学習指導要領」の総則には，「コンピュータや情報通信ネットワークなどの情報手段に加え，各種の統計資料や新聞，視聴覚教材や教育機器などの教材・教具の適切な活用を図ること」と記述されています。また，「学習指導要領解説総則編」では，「これらの教材・教具を有効，適切に活用するためには，教師は機器の操作等に習熟するだけでなく，それぞれの教材・教具の特性を理解し，指導の効果を高める方法について絶えず研究することが求められる」とも記述されています。このことは，自宅等にいる不登校の子どもに対するICT機器を用いた遠隔授業によって，学習効果の向上につなげることも期待できます。

　また，不登校の子どもに対しては，保護者との信頼関係を構築することが欠かせません。そして，不登校の子どもが自らの意思で登校した場合には，安心して学校生活を送ることができるように，学級担任のみならず，管理職や養護教諭，教育相談担当の教職員，また，スクールカウンセラー（SC）やスクールソーシャルワーカー（SSW）などの外部専門家と連携・協力し，学校全体で計画的に支援することが求められます。その際，関係者間の情報共有と継続的支援の観点から「児童生徒理解・教育支援シート」などを作成・活用することが望ましいとされています。

次に，学校での不登校の子どもへの支援に向けて，文部科学省が毎年公表している全国の不登校児童生徒数を少し違った角度から確認してみたいと思います。

図1-1は2008（平成20）年度から2014（平成26）年度調査までの「児童生徒の問題行動等生徒指導上の諸問題に関する調査」結果における不登校児童生徒数の平均（千人率）を学年別に表したものです。学年を追うごとに不登校児童生徒数も雪だるま式に増えていることが確認できます。

ちなみに，不登校児童生徒数（千人率）では，小学5年生から小学6年生は2人増加であるのに対して，小学6年生から中学1年生は12人も増加しています。このことがいわゆる「中1ギャップ」と言われる理由の1つでもあります。

しかし，中学1年生から中学2年生も11人も増加していることが同時に確認できますので，中学1年生の時期のみならず，中学2年生の時期も注意が必要であるといえます。

図1-2は，図1-1の学年別平均不登校児童生徒数（千人率）を前年度

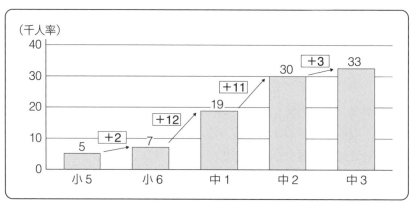

図1-1　学年別平均不登校児童生徒数（平成20〜26年）

出典：国立教育政策研究所　生徒指導・進路指導研究センター編「生徒指導リーフ Leaf. 22 不登校の数を『継続数』と『新規数』とで考える」（平成30年7月）

も不登校であった児童生徒数（継続数：□）と，前年度は不登校ではなかった児童生徒数（新規数：□）に分けて表したものです。このように，学年別平均不登校児童生徒数の内訳（継続数と新規数）を見ると別の側面が見えてきます。

図1-2を見ると，新規の不登校生徒数は中学1年生で13人，中学2年生で15人，中学3年生で12人と学年によって大差がないことがわかります。中学1年生と中学3年生で新規数の差がほとんどないことは驚きではないでしょうか。このことから，中学校では新規不登校者はどの学年でも出現する可能性が高いということがわかります。

また，図1-2からは，不登校児童生徒数は学年が上がるといったん減ることが確認できます。しかし，減った数以上に新規数が増えていることを学校は認識し，どの学年でも同じように新たな不登校児童生徒数（新規数）を増やさないための取組みが大切であるといえるでしょう。

なお，不登校の継続者数については，前述した「教育機会確保法」の趣旨からも，子どもの意思に反して，無理やり学校復帰をさせることで，その数値を減少させようとしてはいけません。学校がすべきことは，あくまでも新たな不登校児童生徒を出さないようにすることです。

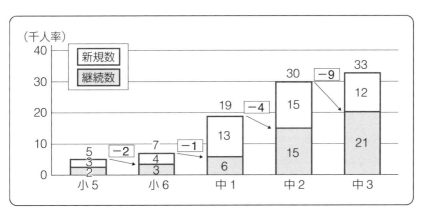

図1-2　学年別平均不登校児童生徒数の内訳（平成20〜26年）

出典：国立教育政策研究所　生徒指導・進路指導研究センター編「生徒指導リーフ Leaf. 22 不登校の数を『継続数』と『新規数』とで考える」（平成30年7月）

2 不登校の予防の充実

1 予防について正しく理解する

　新たな不登校児童生徒数（新規数）を増やさないための取組みを，「予防」といいます。予防には，一般的に「未然防止」と「早期発見・早期対応」の2つが含まれています。この2つの予防の意味について，あらためて確認をしてみたいと思います。まずは病気の予防を例にして考えてみましょう。

　病気の予防のために，健康診断を受ける人は多いと思います。（筆者も毎年受けていますが，検査結果で要経過観察・要再検査の項目は，緊急性がないと考えて再検査を受けない場合が少なくありません。第三者的にみると，どうやら健康診断を受けただけで安心してしまっているようです）。この健康診断による病気の予防は，急性的でない身体の病的な部分の「早期発見・早期対応」にあたると思います。いっぽうで，食事，睡眠，運動など，日常生活を規則正しく，かつ，健康的に送ることで，結果的に病気になりにくくするという意味での予防は，「未然防止」にあたります。

　話を戻して，学校教育の場での，「不登校の予防」について考えるとどうでしょうか。例えば，子どもへのアンケート調査や面談，日ごろの観察などを積極的に行い，子どものサインに敏感になることは，「早期発見・早期対応」にあたります。問題の芽をいちはやく見つけ，大きな問題にならないよう，早期対応に励むということです。

　それに対して，授業を含めた日々の教育活動を適切に行うことが，子どもの健全で意欲的な学校生活に結びつき，（その結果として）問題が起こりにくい学習環境につながるという意味での予防は，「未然防止」とされています。

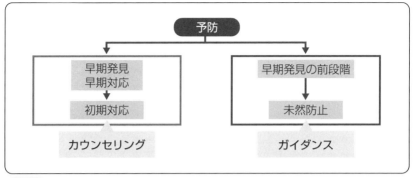

図1-3　予防とガイダンスおよびカウンセリングとの関係性

※国立教育政策研究所　生徒指導・進路指導研究センター編「生徒指導リーフ Leaf. 5『教育的予防』と『治療的予防』」（平成 24 年 6 月）と文部科学省「小学校（中学校 / 高等学校）学習指導要領」（平成 29 年 3 月 / 平成 30 年 3 月）をもとに筆者が作成

　また，小学校および中学校の「学習指導要領」の総則第 4 の 1「児童（生徒）の発達を支える指導の充実」[注1]には，「主に集団の場面で必要な指導や援助を行うガイダンス」と「一人一人が抱える課題に個別に対応した指導を行うカウンセリングの双方により，児童（生徒）の発達を支援すること」と明記されています。つまり，2 つの予防のうち「早期発見・早期対応」が「カウンセリング」で，「未然防止」が「ガイダンス」であると整理できます（図1-3 参照）。「未然防止」と「早期発見・早期対応」の 2 つの予防に取り組み，不登校の子どもが増えるのを防ぐことが大切です。

2　2 つのチーム学校

　前述したように，学校が不登校の予防を進めていくうえでは，学級担任だけでなく，学校全体での組織的な取組みが必要になります。もちろん，多くの学校でチームとして不登校の予防に取り組まれていることと思います。しかし，そのチームがきちんと機能しているとは限りません。

注1　高等学校学習指導要領では，総則第 5 款の 1 に記載されている。

表 1-1　学校における不登校の予防に向けた取組みなどの分類表

		①目的	②対象者	③おもな取組み	④「チーム学校」
A	新規数の抑制	（新規数の抑制に向けた）未然防止	前年度は不登校でなく，現在も登校している児童生徒全員	集団指導・支援（ガイダンス）	「チーム T」教職員の同僚性を踏まえた「チーム学校」
B		（新規数の抑制に向けた）早期発見・早期対応	前年度は不登校でなかったが，現在，不登校の兆しがみえる児童生徒		
C	継続数の減少	（継続数の減少に向けた）早期発見・早期対応	前年度は不登校であったが，現在は登校している児童生徒	個別支援（カウンセリング）	「チーム S」外部専門家や関係機関などによる「チーム学校」
D			前年度も不登校であり，現在も不登校の兆しがみえる児童生徒		

※国立教育政策研究所　生徒指導・進路指導研究センター編「継続数・新規数を用いて各校に不登校の取組の点検・見直しを促す指導主事向け資料」（平成 31 年 3 月）をもとに筆者が作成

　そこで，本章のまとめとして，学校が不登校の予防を行う際の参考となるように，不登校の予防に向けた取組みなどの分類表を作成しました。（表 1-1）。

　学校が不登校の予防をする際には，表 1-1 のように，①「目的」，②「対象者」，③「おもな取組み」を A 〜 D の 4 パターンに分類するとともに，おもにだれとだれが役割を担うのか（④「チーム学校」）ということを大まかにでも整理してみてはいかがでしょうか。

　具体的には「前年度は不登校でなく，現在も登校している児童生徒全員」である A の対象者に対しては，学習指導要領に明記されているように，集団に対するガイダンス（未然防止）をおもな取組みとして，新規数の抑制をめざします。

　「前年度は不登校でなかったが，現在，不登校の兆しがみえる児童生

徒」であるＢの対象者に対しては，「学習指導要領」に明記されている
ように，個別支援によるカウンセリング（早期発見・早期対応）をおも
な取組みとして，新規数の抑制をめざします。

　ＡとＢの対象者は，前年度は不登校ではなかったため，教職員同士が
情報共有と連携を密にして取り組みます（チームＴ）。スタンダードでは
ありますが，これこそが教職員の同僚性を踏まえたチーム学校の姿です。

　また，Ｃの対象者は，前年度に不登校であったため，たとえ，現在は
登校していたとしても，個別支援によるていねいなカウンセリング（早
期発見・早期対応）での働きかけで，継続数の減少をめざします。もち
ろん，ケースバイケースですが，Ｃの対象者が自らの意思で登校してい
るような場合には，新規数の抑制に近い働きかけも十分に考えられます。

　Ｄの対象者も，前年度に不登校であり，現在も不登校の兆しがみえる
ことから，前年度に続いて，家庭との連携も密にしつつ，個別支援によ
るていねいなカウンセリング（早期発見・早期対応）をベースにした支
援が求められます。

　ＣとＤの対象者は，前年度に不登校であったため，外部専門家や関係
機関などとも連携を密にした取組みが求められます（「チームＳ」）。

　中央教育審議会が2015（平成27）年に出した「チームとしての学校
の在り方と今後の改善方策について（答申）」では，専門性に基づくチー
ム体制の構築を求めていることから，国がイメージしている「チーム学
校」は外部専門家や関係機関などによる（表1-1での）「チームＳ」で
す。しかし，教職員の同僚性を踏まえた「チームＴ」も当然，重視すべ
きです。

　いずれにしても，対象者に応じた働きかけを教職員１人１人が理解し
て取り組むことこそが，学校が行う不登校の予防の充実に結びつくこと
ではないでしょうか。

◆引用・参考文献（1章）

〈1節〉

・国立教育政策研究所 生徒指導・進路指導研究センター編 （2018）「生徒指導リー
フLeaf.22 不登校の数を『継続数』と『新規数』とで考える」

・文部科学省 （2016）「義務教育の段階における普通教育に相当する教育の機会の確
保等に関する法律の公布について （通知）」
https://www.mext.go.jp/a_menu/shotou/seitoshidou/1380952.htm （2020年7月10
日閲覧）

〈2節〉

・国立教育政策研究所 生徒指導・進路指導研究センター編 （2012）「生徒指導リー
フ Leaf.5『教育的予防』と『治療的予防』」

・国立教育政策研究所 生徒指導・進路指導研究センター編 （2019）「継続数・新規
数を用いて各校に不登校の取組の点検・見直しを促す指導主事向け資料」

・文部科学省 （2010）「生徒指導提要」

2章

学級担任が行う
不登校の対応の基礎・基本

不登校対応の初期から最後までかかわり，
子どもとの信頼関係を築く要となるのが，学級担任です。
本章では，教育カウンセリングの考え方をベースに，
学級担任の心にとめてほしいメッセージをお伝えします。

1 不登校対応
——学級担任の役割

1 学級担任は不登校対応の要

▨ ひとたび学校に倒れた子らを，再び学校によって起たせよう

　筆者は不登校生徒のための通級学級の担任として11年で約200人の生徒とかかわりました。その経験から「不登校は学校が起点となる。だから，子どもに一番近い大人である学級担任が，発生から解決までかかわり通す意味や役割はとても大きい」と強く感じました。

　これまで国の不登校施策は，学校外の適応指導教室設置を皮切りに，学校の外側に向け伸張し続けました。子ども，保護者，教師支援のためスクールカウンセラー（SC），スクールソーシャルワーカー（SSW），また自治体ごとに，ふれあい相談員，登校支援員，訪問相談員などさまざまな呼称の役割が設けられました。それぞれが熱心にかかわっているのに，学級担任と子どもの間に割って入る立ち位置になることがあり，学級担任と子どもが直接かかわりづらい場合があります。学級担任と子どもが互いに寄り添えるよう，不登校支援の専門家や相談機関は，2人の背後を立ち位置とするのがよりよい支援のために望ましいと思います。

　学校側にも，専門家や機関に子どもを「おまかせ」してしまうケースが散見されます。教師には，①不登校の子どもと具体的にどうかかわっていいか方法がわからない，②わかってもできない，という長年の課題があります。文部省（1992）の「登校の促しは状況を悪化させてしまう場合もある」との報告以降，日本中が「登校刺激はやめよう」と曲解し，子どもへのかかわりから大きく撤退しました。2016（平成28）年に公布された教育機会確保法の「休息は必要」「学校以外の場も重要」という提言からも，さらなる退潮が懸念されます。

　いっぽうで同法は，学校に，学校教育になじめない子どもの要因の解

消に努め，子どもが主体的に社会的自立や学校復帰に向かうことができるよう，適切な支援や働きかけを行う必要があることを明確にしています。不登校はますます増えており，学級担任が不登校の子どもにかかわる重要性は増しているのです。

2 学級担任と不登校の子どもの「絆」づくり

▨「会えない子」はいても「会ってはいけない子」はいない

　子どもにとって学校は「社会」です。学級を「家族」に例えるなら，学級担任は「親」のようなものです。これまで一度も会ったことがなくとも，「親子」のように「切っても切れないもの」です。会えない子はいても，会ってはいけない子はいません。ですから，教師は家庭訪問をためらう必要はありません。では家庭訪問は何のためにするのでしょう。目的は子どもとのあたたかな人間関係づくりです。信頼関係ができる前に登校を促すと，子どもは身構えてすくんでしまいます。

　花輪（1991）は「今日は寒いから風邪をひいていないか気になって来てみたんだよ，じゃあね」と一言かけて帰るところから家庭訪問を始めると述べています。会えなくてもいいのです。玄関でちょっと大きな声で話せば，子どもは近くで聞き耳を立てています。「先生が何かにことよせて訪ねて気遣ってくれている」，こんな小さなところから少しずつ信頼を積み重ねていくのです。花輪（1991）は「君の心の中に土足で踏み込むようなことはしない。決して無理強いはしないから。でも先生はいつも君のことをクラスの一員としてとても大切に思っているよ」ということを行動で伝えるために，頻回にランダムに短時間の訪問をすることが大切であると述べています。こうしてこの先生なら私に無理はさせない，わかってくれていると，子どもが信頼してくれる関係（ワンネス）が築けたとき，子どもは初めて動いてみようかと思うようになります。

　私たちは新型コロナウイルスに伴う自粛で自宅にこもる間，会えない生徒や親族，友達などに思いを馳せて寂しさを募らせたり，いつ終わるとも尽きぬ漠然とした行末を案じたりしました。これは不登校の子ども

25

が千々に思いを巡らせている日常の心象に似ています。学校から離れているからこそ，学校のことが頭から離れない，それは登校できなくても，子どもに「自分は，○○学校の□□先生が担任する△年△組の生徒だ」という「所属感」がある証拠です。そして，離れていても自分のことをわかってもらいたいという「承認欲求」があることの証拠です。長く不登校であっても，学校から連絡がなかったり，文書類が届かなかったりすると，本人や家族は「放置された，見捨てられた」と感じるのです。

　はじめから「学校だけが人生じゃない」なんて思う子はいません。だれもが本当は友達や先生と楽しく過ごしたい，勉強がわかるようになりたい，学校で充実した毎日を過ごしたいと願っているのです。「休息が必要だよ」「学校以外にも生きる場があるよ」などと言われるより先にそうした気持ちをくんでもらえたら子どもはうれしいと思います。

　私たちももし一週間学校を無断欠勤したら，職員室に入りにくいと思います。同様に，一度学校や教室から距離や時間をおいた子どもは，教室に入りにくいのです。学級担任が子どもの状態や学校のムードを整え，あたたかく迎え入れると，不登校の子どもは，ここがHOME（ROOM）だと感じられ，安心して教室に戻りやすくなります。

3 自立に向けた「3種類の人間関係」

■ワンネス──同苦　ウイネス──共戦　アイネス──一人立つ

　Moustakas（1995）は，カウンセラーとクライエントの間に存在する3種類の人間関係を，Being-in「相手の中に存在する」，Being-for「相手のために存在する」，Being-with「相手と共に存在する」（石隈，1999）として示しました。國分（1998）・片野（2006）は，これらをそれぞれ「ワンネス・ウイネス・アイネス」と呼んでいます。〔本書のベースにある教育カウンセリングを提唱，構築された國分・片野両先生に敬意を込め，本書では以降，後者を用います。〕筆者はこれらをワンネス（同苦する），ウイネス（共戦する），アイネス（一人立つ）関係と解しています。不登

校の子どもとの関係も，この順番で築くことが大切です。

　筆者の中学2年生はとてもつらい時期でした。小学校の入学前に瀕死の大病を患い，原級留置で落第生と言われて，小学校に7年通いました。途中まで体育や遠足にも参加できず，体力も成績も振るわず，将来は暗いと思っていた矢先，ある先生から「あなたの病気は将来子どもができないかもしれないから気をつけなさいよ」と言われすっかり落胆しました。親にもだれにも話せず，1人で気持ちを抱え込んでいました。

　ある日，渡り廊下ですれ違いざまに腕をぐっと強く引かれ，はっと顔を上げると，それは昨年度の新任で，副担任として親しく接してくれたX先生でした。

　「死にそうな顔してる，どうしたの」

　「どうしてわかるの」私は思わず言ってしまいました。

　「死にたいと思っていたの？　放課後，私の教室に来て」

　放課後，いまは別の学年になったX先生の教室に行ったものの，問われても何も言えず，うつむいていました。長い沈黙の後，気づくとX先生は泣いていました。鼻水が唇にかかってキラキラ糸を引いていました。なりふり構わず私のために懸命に声をかけ続けてくれた姿に，何も解決していないのにどうでもよくなりました。1人ではないとほっとしたのです。そのとき，X先生にそれまでずっと手首を強く握りしめられていたことに気づきました。

　12年後，私は紆余曲折を経て教壇に立ちました。X先生とのあの日あのときに初めて，「中学校の教師になりたい」と思ったのです。

▨たった1人だけでいい，あの子の味方として共にある学級担任に

　花輪（1991）は「自分で考え，自分で決めて，自分で行動できることが不登校の真の解決と言える」と述べています。これは，まさに「自立」のことで，私たち大人の一生涯にわたるテーマと同じです。つらい思いをした子どもが1人で再起し，自立するのは困難です。たった1人でいい，学級担任が味方になってその子を支え，共にいてくれたらこれ以上心強いことはないと思います。

4 ワンネス 「同苦」

■ 苦しんでいるだれかの身になると我がことのように胸が痛む

　石隈（1991）はワンネスを「援助者が子どもの世界（部屋）に入れて
もらうこと」と例え，筆者はワンネスを「同苦」と解しています。

　先述のX先生が，すれ違いざまの一瞬に私の腕をつかまえたのは，
私の苦しそうな様子に，そうせずにはいられなかったからだと思いま
す。私は思わず呼応して，「どうしてわかるの」と言ってしまいました。
いま思えば人間「関係」だから互いに響き合ったのだと思います。

　つらくても本当は「変わりたい」「よく生きたい」と願っていたので
しょう。私は一縷の望みを求め，X先生の教室を訪ねました。それでも
何も言うことはできませんでした。

　教師になってから，子どもと信頼関係を深く結ぶことのむずかしさを
痛感する日々でした。不登校になった子どもとあらためて新しい関係を
築くこと，会ったことのない子どもとゼロから関係を築くこと，よかれ
と思ってしたことだけど，今日のかかわりはあれでよかったのだろう
か，など。

　國分先生ご夫妻は，よく「治そうとするな，わかろうとせよ」と教え
てくださいました。あきらめず繰り返しかかわり続ければ必ず見えてく
るものがあると。「気は心」であること，心は良くも悪くも通じてしま
うこと，それがワンネスの始まりだよと。子どもを信じぬくには勇気が
いります。どんなことがあっても子どもの味方になり通すためには，常
に新しい「自分づくり」が必要になり，いまも苦闘中です。

■ ねぎらいのイエスセット——無理に返答を求めない言葉かけ

・ねぎらいは「過去」，励ましは「未来」を向いている

　つらい，情けない，ふがいない自分を多く語れないように，私もX
先生の前で何も言えませんでした。不登校の子どもは，原因を問われた
り，登校の約束をさせられたりするのでよけいにものが言えません。

　緊張しながら通級学級に見学に来る子どもの多くは「3年ぶりに家か
ら外に出た」など，事情がそれぞれにあります。ここでこの学級に来な

ければ，この後また何年家にこもるかわかりません。だから負担をかけないように返答は求めず，ただ心を込めて子どものこれまでをねぎらいます。たったこれくらいからの人間関係づくりから始めます。

「君，大変だったね」

「今日は本当によく来たね」

「いままで，つらかったね」

「ほんとうはちゃんとやりたかったんだものね」

※「ねぎらいのイエスセット」出典：川端久詩（2010）

　上記の言葉かけは，問われた子どもが「イエス」と繰り返しうなずくように設定されています。子どもは，小さなうなずきを心の中で繰り返すうちに，「そうだ，そうだ」「初めて会った人なのによく気持ちをわかってもらえる」と同調が深まっていきます。なかには，「そうです，僕つらかったです。だって……」と気持ちを語りだす子もいます。すると，付き添う母親が泣きだします。「この子が気持ちを話してくれたことなんて，学校に行かなくなってから初めてです，もうこんな日は来ないと思っていました」と語るようになり，対話が生まれていくのです。

　これまでがつらかった人には，未来に向けての「励まし」よりも先に，過去への「ねぎらい」をしっかりとすることを大切にします。

　「本当は〜だったんだよね」とねぎらいをかけることは，うなずく子どもの補助自我となります。「本当はこうしたい，こうありたい」と願う子どもの思いを意識化し，支えることになります。これを毎日さまざまな生活の場面で繰り返し行います。たくさんねぎらわれてやっと，わかってもらえたという安心感が情緒的な安定をもたらします。すると思いや願いが明確化し，これからを生きるエネルギーが湧いてきます。

　花輪（1991）はこうして子どもによいエネルギーがたまり，毎日の生活に「退屈してくる，物足りなく感じる」という状態になったと判断できた際に，支援の次の段階に入ると述べています。そこで，教師は友達同士の横並びの関係の構築に乗り出します。

5 ウイネス 「共戦」

他者のために身を乗り出し，共に困難に立ち向かう姿勢

　筆者が担任する不登校のための通級学級で，不登校の心情を語る創作演劇を行い，地区の中学校演劇発表会に出演したことがありました。

　脚本は，それぞれの体験をモノローグで語る形としました。1人1人の口から語られるそれぞれの不登校は「全く報われなかった過去」であり，「何をやってもダメダメ」の自分です。そのダメな自分を舞台で感情込めて表現するのです。

　練習では，時には感極まって声が詰まります。すると周りの子どもが「ゆっくりでいいよ」「いっぱい泣いていいんだよ」と声をかけます。そうして語られたモノローグに，みんな思わずうなったり，感心してうなずいたり，拍手をして称賛したりします。そして「君，大変だったんだなあ」とねぎらいます。「その気持ち，すごくよくわかる，私もそうだった，実は……」と自分の過去を語りだす子もいます。毎回の練習の後に必ずこうした感情交流を伴うシェアリングがありました。ここでは，これまでダメだと思っていた不登校という行為に，子ども同士が互いにリフレーミングし合い，新しい意味づけをし合うことができたのです。

　ついこの前まで，「こんなことはだれにもわかってもらえない」と思っていた1人1人でした。ところが語ってみたら，同じ苦労をしているからこそ分かち合える得難い仲間になれたのです。自己開示は自己開示を呼び，気づきを深め，より互いを支え合う言動につながりました。

　片野（2006）は，話したり語ったりすること自体が，抱えている問題の明確化や克服・解決につながると述べ，花輪（1991）は，どうしたらよいかという答えよりも，あたたかな関係に支えられて悩みや夢を語り合うということそのものが，子どもにとっての力となると述べています。

　不登校の子どもは同世代が一番苦手です。だからこそ，同世代同士でのウイネスの形成が大事です。他者を受容することで自己受容が促進され，勇気を交し合うことで絆が培われ，自分を大切にするようになります。するとこれからの未来をどう生きるか，進路意識が強まるのです。

30

6 アイネス 「わたしはわたし，一人立つ，自立への気概」

自分の人生に乗り出そうとする進路意識

　あの日初めてX先生のような「先生になりたい」と思ったことに，自分でもびっくりしました。「お前みたいなのがなれるわけがない」と，強く否定する自分もいました。でもその裏側に生まれた思いがとても強いものであることにもはっきりと気づいたのです。こうした「進路意識」は，アイネスの表れの1つです。「だれがどうあれ，わたしはわたし」という一人立つ気概こそ，自立に向けてとても大切な「生きるちから」です。

　演劇終演後，楽屋に駆けつけた100人を超える人たちと行ったシェアリングでは，ある子どもの学級担任が泣きながらこう訴えました。

　「舞台で叫ぶように訴えるあなたを見るまで，あなたのこれまでの苦しみや努力を私はわかっていなかった。本当にごめんなさい。あなたは私のクラスの生徒なのだから，どうか私の教室に帰ってきてほしい」

　ワンネス形成の瞬間でした。その子どもはほどなく学級復帰しました。自分で考え，決めて，行動しての学級復帰でした。そこには「わたしはわたし」「こうなりたい」というアイネスの強い表れがありました。

　不登校には演劇が効果的だと言いたいわけではありません。筆者の場合，学校や学級，授業の枠組みを利用して，この生徒，このメンバー，この環境で，よりよい人間関係を結ぶにはどうしたらよいかを考え続け，実践を何年も積み重ねました。最初は顔を出さないで済む人形劇から始めました。心がけたことは，筆者と子ども，子ども同士のかかわりの中にワンネス・ウイネス・アイネスがベースにあるかということです。

　不登校を乗り越えた子どもが当時を振り返ると，不思議と一様に「あの時期があったからいまがある」と語ります。人とは違ったけれど，自身にとって必要な，意味のある大切な時間だったというのです。

　こうした子どもに立ち会い，始めから終わりまで伴走することができる幸せは，学級担任にしか味わうことはできないと私は強く思います。

◆引用・参考文献（2章）

・C.Moustakas（1995）*Being-in, being-for, being-with,*　Aronson
・花輪敏男（1991）「児童生徒の不登校に関する学校の取り組み方や指導援助の進め方についての研究」山形県教育センター研究報告書（不登校対応チャート）
・石隈利紀（1999）『学校心理学―教師・スクールカウンセラー・保護者のチームによる心理教育援助サービス』誠信書房，236
・片野智治（2006）『構成的グループ・エンカウンター研究― SGE が個人の成長に及ぼす影響』図書文化，16
・川端久詩（2010）『エンカウンターで不登校対応が変わる』國分康孝・國分久子総監修，図書文化，63，68
・國分康孝（1998）『学校担任のための育てるカウンセリング入門』（パンフレット）
・文部省（1992）「登校拒否（不登校）問題について（報告）」

3章

不登校の背景と
その支援

不登校の背景には，さまざまな要因がひそんでいます。
複数の要因が複雑に絡まっている場合も少なくありません。
本章では，6つの要因を取り上げ，それぞれについて，
不登校につながる経緯や，対応の留意点などを解説します。

1 いじめが背景にある不登校

1 不登校といじめ

数値に表れない子どもの関係性の把握

　文部科学省の 2018（平成 30）年度の調査では，不登校の要因を「本人に係る要因」と「学校，家庭に係る要因」の 2 つに大別し，さらに下位分類しています。いじめに関連する分類には「『学校における人間関係』に課題を抱えている」と「いじめ」があります。「いじめ」を要因にあげる子どもは小学校 270 人，中学校 506 人でした。しかしこの結果は教師（学校）の認知によるものが大きく，いじめの実態はもっと多いと考えています。また，国立教育政策研究所の 2016（平成 28）年度のいじめ追跡調査によると，いじめの加害・被害は固定化しておらず，入れ替わりがあることが指摘されているため，学級担任は常に子ども同士の関係性に目を配ることが求められます。

個（子ども）と集団（学級）から兆候を捉える

　いじめ被害でつらい状況では，表情の変化や体調の異変（発熱，頭痛など），遅刻が徐々に目立ち始めます。自尊感情との関係から，以前より明るく振る舞ったり，積極的に行動したりする過剰適応がみられることもあります。また学級では，他児を揶揄するような「ことば」やグループ内のメンバー構成に変化が生じます。こうした個と集団から兆候を捉えることで，不登校の未然防止と早期対応が可能になります。

2 いじめが関係する不登校の対応の手だて

自尊感情の回復

　被いじめ体験の影響として被害感や不安，自尊感情の低下が指摘されています（Barry, 2005）。自分を大切に感じる，自信をもつといった自

尊感情の回復が重要です。それにかかわる手だてを「安全な居場所」，「スモールステップ」，「学校（学級）の情報伝達」の3つから考えます。

🔲 安全な居場所づくり

　安全な居場所は，子どもの気持ちの整理と活動再起のために重要で，教室以外であることが必要です。被いじめ体験によって抱いている「どうして」という怒りや，「またいじめられるかも」という不安な気持ちに寄り添いながら，安全な居場所をつくっていけるかが鍵になります。子どもが安全な居場所だと実感をもつことで自尊感情の回復に向けての活動ができ，それは教室復帰のための環境づくりにもつながります。だからこそ，安全な居場所づくりは最初に行う支援といえるでしょう。

🔲 スモールステップでの目標設定

　スモールステップは，目標を細分化し積み重ねていく方法です。教室復帰だけを目的とするのでなく，「週1回はスクールカウンセラー（SC）に気持ちを話す」や「午後からでなく午前からの登校にする」など，がんばれそうなラインを子どもを中心に一緒に考え，学校・保護者と共有します。その目標の実行を通して「これでいいんだ」という安心感と自信を取り戻していくことができます。実行がむずかしかった場合は，子どもと相談し目標を修正していきます。目標の設定・修正の際には子どもの学校外における多様な学びの選択を支えるという視点も重要です。

🔲 学校（学級）の情報伝達

　学校（学級）の情報伝達は，子どもの活動を支えるために重要です。どんな学校行事が控えているか，学級はどんな様子かなどを伝えることで，子どもがある程度の見通しをつけられます。行事は行動変容の好機になり，参加によって自尊感情の回復につながる可能性があるため，事前に伝えることで無理なく参加意欲を引き出せるとよいです。

　上手に情報伝達できると，子どもは「自分は見捨てられていない」という実感を抱くことができます。いっぽう，過剰な刺激（登校刺激など）は，子どもを追い込んでしまう可能性もあります。情報の内容やタイミング，頻度などを，子どもや保護者とよく確認することが大事です。

🔲 不登校の兆候 —— 体調の異変と過剰適応

　中学1年生のAさんは，明るい性格で何事にも意欲的に取り組んでいました。2学期に入り，腹痛など体調不良の訴えが増えましたが，学級担任には普段以上に意欲的に過ごしているように見えていました。しかし徐々に休みがちとなり，やがて学校へ来なくなりました。違うグループの子どもからの情報で，Aさんのグループにいじめがあることがわかりました。関係性の中（グループ内グループ）のいじめはターゲットの入れ替わりもあり，いじめを受けてもグループから抜けることは避け，なんとかとどまろうとします。Aさんも無視や仲間はずれなどのいじめ回し（交替）のターゲットとなっていましたが，明るく振る舞うこと（過剰適応）でグループにとどまろうとして疲れてしまっていたのでした。

🔲 学級担任の対応 —— 3つの手だて

　学級担任は，まずSCと連携し，安全な居場所として「相談室」を機能させようと考えました。Aさんと保護者に教室とは別の相談室があり，そこへ登校できること，定期的に話を聞いてくれるSCもいることを家庭訪問で伝えました。当初Aさんは相談室登校に難色を示しましたが，登下校する時間帯や過ごし方などを一緒に考える中で前向きになりました。相談室では，加害者への否定的な感情をSCとともに受けとめ，Aさんにとっての**安全な居場所づくり**に努めました。

　次に「登校し，相談室で過ごす時間を徐々に増やす」という目標をAさんと一緒に考え共有しました。さらに各教科の教師と相談し，Aさんの実態に即した各教科の課題に関する目標も考え，それをこなしていく過程で自尊感情を高めていきました（**スモールステップでの目標設定**）。

　それから，登校していない日の学校（学級）の様子や今後の行事について，毎週金曜日の放課後に保護者へ電話で伝えると決めました。登校がみられない登校予定の日でも，保護者との合意で学校からの連絡は控えました。必要以上の登校刺激は本人や保護者の負担になり，状況に合わせた働きかけが大切だからです（**学校（学級）の情報伝達**）。

こうした３つの手だてに加え，Ａさんを教室に迎え入れるための素地づくりも行うことが重要です。具体例をもとに以下でみていきましょう。

教室復帰のための環境づくり

・グループ内の関係性の修復

学級担任は，どこで関係性がもつれたのか，ほかの教師と連携（チーム援助）してていねいに確認し，対応します。いじめの始まりは，グループ内のＢさんの意見に反発したことで，無視や仲間はずれがＡさんに固定化したことでした。そこでＢさんとＡさん双方の思い（反省点など）を橋渡しするとともに，Ｂさんの気持ちの理解と援助も行い，Ａさんの教室復帰の足がかりにできるよう努めました。その結果，Ａさんの「またいじめられるかも」という不安な気持ちは薄れていきました。

・本人への対応

教室復帰への本人の努力を褒め，ねぎらうことが大切です。また，自尊感情が回復してきても，教室復帰には不安が伴います。つらければいつでも相談室（安全な居場所）に戻れると伝え，Ａさんを安心させました。

・学級への対応

つらい思いをしている人の状況を考えさせることが大切です。人を揶揄したり攻撃したりすることは許されるか，もし自分がされたらどう感じ，学級の一員としてどうすべきか，問題と解決策に分けた話し合いを通して１人１人に考えさせました。全員が居心地よく過ごすための行動を考えさせることで学級の風土を変えることができます。

・保護者への対応

不登校になった子ども本人と同じくらい，保護者も不安を抱えます。日々の教室での様子などをていねいに伝えていくことが大切です。また，加害保護者との協力も重要です。学校（教師）を中心とした保護者同士の協力により，子ども（Ａさん，Ｂさん）を支えることにつながります。保護者と一緒に考えていくという姿勢を示していくことが必要です。

2 発達障害が背景にある不登校

1 不登校と発達障害

2007（平成19）年の学校教育法の一部改正以来，教育現場で広く特別支援教育が進められています。実際，文部科学省（2012）の調査によれば，「全国の公立小中学校の通常学級に，知的障害がなく，学習面又は行動面で著しい困難を示す子どもが6.5%在籍」しています（1学級で2～3人に相当）。ゆえに，発達障害の知識は教師に不可欠です。

学習障害（LD）は特定領域の学習困難です。注意欠如多動性障害（ADHD）は注意の困難，そして多動性・衝動性，つまり行動や欲求の自己統制の困難です。自閉スペクトラム症（ASD）では対人関係の困難，興味の狭さや強いこだわりなどが見られます。これらは障害特性に起因する一次障害と考えられます。

学習困難があると挫折感と授業での疎外感を抱きがちです。社会性の困難から仲間関係が築きにくく，対人関係の失敗から，同級生の非難に晒されることもあります。こうした体験が続くと，自己肯定感や自己効力感の低下を招きます。無気力さも目立ち，抑うつ状態になる場合もあります。これらは環境との相互作用で後から生じた二次障害です。

二次障害として不登校が生じる場合もあります。複数の自治体の研究で，教育支援センター（適応指導教室など）に通う子の62%に発達障害の傾向が報告されています（久木田ら，2018）。また医療機関を受診したASDの子のうち，不登校経験者は経験のない子に比べていじめの被害体験が多いとされます（加茂・東條，2013）。もちろん発達障害の子どもすべてに二次障害が起きるわけではありませんが，一定の配慮のある人的・物的環境を整え，社会的承認と成功体験のある学校生活を送れるよう支えがなければ，子どもの苦戦は大きくなりやすいでしょう。

2　障害特性の理解と不登校の予防

学校生活の「見通し形成」を援助

架空の「個別の指導計画」（p.41，表3-1）をもとに，ASDの子ども
が学校生活で苦戦しやすいポイントと，二次障害と不登校の予防の手立
てを考えます。まずASDの子どもは何をしていいかわからない状況に
不安を抱くので，学校生活に見通しを形成する援助が必要です。スケ
ジュールを確実に伝えましょう（①，以下p.41の表中番号）。また急な
予定変更に混乱しやすいため，可能な範囲で事前予告をします。予定の
伝達時には，変更可能性も含めて伝えておくとよいでしょう（②）。連
絡は口頭だけでなく，書いて見せます。視覚情報を併せると理解しやす
く安心感にもつながります（④）。これらの配慮は，入学や進級時，行
事など，大きな環境の変化が生じる時期によりていねいに行います。

社会的な認知機能に配慮したコミュニケーション

ASDの子どもは自分勝手と誤解されがちです。背景には他者の内的
状態の推論の困難があります。つまり人の気持ちをくみ取ることが苦手
なのです。そこで教師が率先し，「先生はA君に～をしてほしい」と具
体的に言葉で伝えるようにしましょう（⑥）。また場に合わない発言や，
会話への唐突な割り込みをし，「空気読めよ！」と周囲の非難を浴びる
こともあります。これは社会的文脈の理解の困難と関連します。そこで
教師は「いまは～の話をしています」などと，状況や文脈，みんなが共
有しているテーマを確認する言葉かけを，適宜行いましょう（⑦）。

またASDの子どもは特に思春期以降，他者からの注意や指摘を嫌
い，過剰反応する場合があります。これには前述の社会的認知の制約
や，否定され続けた体験からくる負の感情や記憶が関連します。そこで
教師は自分の言動が拒絶のメッセージにならないよう留意し，否定表現
から別表現へおきかえを心がけましょう（森，2019）。例えば期待され
る行動の明示（「Aするな」⇒「Bをして」），肯定的側面への着目（「A
は正解！　ではBは？」），気づきや修正の機会を与えること（「こんな
ときどうするんだっけ？」）などです（⑪）。

学校生活への参加と社会的承認のチャンスを用意

「集団で自由に話し合う」など，流動性や自由度の高い活動を苦手とする ASD の子どもは多いです。そこで授業中の発表機会，グループ学習の分担，当番や係など，明確な役割やルールが与えられると，見通しをもって活動に参加できます。そこでの遂行や達成は教師や仲間からの社会的承認の体験となり，自己肯定感を維持し高めます（⑮）。

もう1つの苦手は部活動です。ASD の子どもは興味の対象が狭く，大多数の子どもと一致しないことも多いです。しかし，もし歴史部・総合芸術部など多様な興味を受けとめられる部があると，少人数でも興味を共有できる仲間が見つかり（⑰），得意なことで活躍する機会ができるかもしれません（⑯）。

援助希求のスキル，補完的スキルの獲得を援助

気持ちをうまく表現できない，思考の柔軟さに欠け臨機応変の行動が苦手，これまで失敗体験が多かった……。こんな理由から ASD の子どもは不安を抱えやすいです。そこでストレスや不安に対処するスキルの獲得が，学校不適応や不登校を予防する重要な手立てとなります。

まず教師に SOS を出せるよう，援助希求のスキルの獲得をめざします（㉓）。その第1歩は，教師が子どものつまずきや失敗への受容的姿勢を一貫して示すこと，そして「よく先生に相談してくれたね」と，人を頼る行動自体を積極的・肯定的に評価することです。人を頼るのも立派な自立の姿です。一定のルールのもと，保健室などに一時退避することも認めましょう（㉔）。さらに本人が自分の苦手な面を自覚し，補完するスキルも大切です（㉒）。例えば「次は〜ですか？」と自発的に予定確認するスキル，「A君は〜と言いたいんだね」と相手の意図を確認するスキル，会話に入るときに唐突な印象を与えないように「ちょっといい？」と前置きをするスキルなどです。なおこれらの指導は，平素の子どもの情報を豊富にもつ学級担任と通級指導教室，巡回支援員などの校外の専門家との連携，特別支援学校のセンター的機能の活用を通じて進めるとよいでしょう（【連携・他機関など】欄）。

表3-1 個別の指導計画（ASD架空事例）

A・A君（男）・女 ○○市立□□中学校　1-A組	作成 20XX年□月□日	記入者 □□□□教諭

ねらい	支援の手立て（教師のコミュニケーションを含む）　　　　　　　　【key word】
1. 学校生活に見通しをもつ	① 日課・予定の明示と確認（特に入学時・進級時・学校行事 など） ② 変更可能性も含めた予定の伝達，変更の事前予告　　　　【変化への抵抗感を考慮】 ③ 作業手順のフローチャート（例）美術作品制作・技術の作業・理科実験など ④ 重要連絡は「口頭指示＋書き出し」（例）板書・メモなど　　　【視覚情報の有効活用】
2. 人の心情や意図に気づき，場面や状況に即した行動をする	⑤ 抽象的・婉曲的・間接的表現・省略表現・比喩や皮肉・代名詞の過剰な使用を控える ⑥ 教師・生徒の心情・意図・期待などを簡潔な言葉で伝える　　　【内的状態の推論の援助】 　（例）「先生は，A君に〜をしてほしい」（例）発言・内面，2つ吹き出しのある人物イラスト ⑦ 状況や文脈，話し合いで共有されているテーマを確認する言葉かけ【社会的文脈の理解】 　（例）「さっきは〜，いまは〜」「みんなで〜を話し合っています」（"活動弁士""実況中継"） ⑧ 学校・学級の「当然の前提」「暗黙のルール」をあえて言語化　【潜在的カリキュラムの気づき】 　（例）「授業で先生は平等に当てます。だから連続指名は滅多にありません」 ⑨ 選択や判断の優先順位・重要度の確認の声かけ　　　　　　【重要度・優先順位の判断】 　（例）「いまやること，後でもいいことは？」「必ずやること，できればやることは？」 ⑩ 上記⑥〜⑨に関して，本人の気づき，行動の修正を促す"問いかけ"を行う 　（例）「先生が言いたいことわかる？」「まわりを見てごらん」「どっちが大事？」 ⑪ 教師の注意・指摘を「拒絶のメッセージ」にしない配慮（否定表現のおきかえ） 　（例）状況・規範・他者の気持ちの確認，急に大声で言わない，前置きする，矢継ぎ早に言わない，同時に複数名で言わない，気づきと行動修正の促し（上記⑩），期待感の伝達（「Aするな」⇒「Bして」），肯定的な面に着目（「Aは正解，じゃあBは？」自尊心への働きかけ（「この前〜できたじゃない」「君ならわかるよね」）など ⑫ 偏った・狭い・硬い考え方を強めないための配慮　　　　　　【認知の偏りへの対処】 　（例）「どうせ〜」「みんなが〜」 　⇒ 事実関係・状況や文脈・原因帰属・他者視点・複数の可能性・肯定的側面を教師と確認
3. 学校に自分の役割と居場所を見つけ成功体験を積み上げる	⑬ 他生徒との"適切な距離"の学習（特に女子との距離感）　　　【心理的・物理的距離】 　（例）「腕一本分」以内は近づきすぎ（例）「大きなボールがあるつもりで」 ⑭ 自分の言動のフィードバックを，他者視点（教師・生徒）の評価を通じて知る機会。 　（例）「A君にこうしてほしい」「A君はさすがだな」※必ず肯定的側面に言及【他者理解・自己理解】 ⑮ 役割のある活動を用意（例）授業で発表・グループ学習の分担・係・委員会・諸行事など ⑯ 得意なことで参加・活躍できる機会の提供（授業中の発表，部活動など） ⑰ 興味を共有した仲間関係（歴史部・総合芸術部 など）※多様な興味や活動が尊重される学校 ⑱ 上記⑭〜⑰を通じて，社会的承認の体験を確保　　　　　　　【成功体験の確保】 ⑲ "他生徒の目"を意識した教師のかかわり　　　　　　　　　【自尊感情への配慮】 　（例）"さらし者"にしない注意の仕方，"不自然な特別扱い"に見えない援助 ⑳ 対人関係を考慮した班や座席 ⇒ サポーティブな生徒・干渉しやすい生徒【人的・物的環境調整】
4. 不安に対処するスキルを身につける	㉑「得意」と「苦手」をテーマにした教師との対話　　　　　　　【自己理解】 ㉒「苦手」を補完するスキルの獲得の援助 　⇒予定確認のスキル（例）「先生，次の時間は〜ですね？」 　⇒自他の意図確認のスキル（例）「○さんが言いたいのはこういうことだね？」 　⇒相手に唐突な印象を与えない"前置き"（例）「ねえちょっといい？」「もし，違ってたらゴメンね」 ㉓ 援助希求への受容的態度，肯定的・積極的応答，および援助要求の促し 　（例）「よく先生に相談してくれたね！」「いい質問だね！」「ヒントほしい人？」【援助希求】 ㉔ 一定のルールのもと「安全地帯」への一時退避ができる条件整備 　（例）「イライラが5段階中の4段階になったら先生に言う」「保健室で10分休みます」 ㉕ すでに使えている・使い始めている適応的スキルへの着目と意味づけ
連携・他機関など	・A大学付属病院（B医師）・C市特別支援巡回相談（D相談員）（前期：20XX年□月□日 後期：未定） ・◇中学校通級指導教室利用中・県立特別支援学校 コーディネーターE教諭来校（20XX年□月□日） ・個別の指導計画 次回検討予定（20XX年○月）

森（2011），森（2018）に加筆の上再構成

3 愛着障害が背景にある不登校

1 不登校と愛着障害

　愛着障害という言葉が教育現場でよく聞かれるようになりました。この用語の定義は使う人の立場で異なりますが，本節では次のように捉えたいと思います。まず愛着とは，自身が脅かされる体験をした際に安心感を取り戻そうと，慰めてくれる大人（愛着対象）に近づこうとする本能を指す言葉です。そして愛着障害を，愛着の発達上の課題を抱え，安心感を自ら保持したり，他者に近接して得たりすることの困難な状態と定義します（精神疾患としての愛着障害の用語とは定義が異なること，障害という言葉を用いることに賛否両論あることにご留意ください）。

　愛着障害の子ども（以下，愛着障害児）は主観的な安全感を維持するのがむずかしく，周囲との関係の中で恐れや苦痛を強く体験しやすいです。恐れを感じたとき，本来なら「この人に頼れば安心できる」という特別な人に近づけばよいですが，愛着障害児にとって他者への接近は緊張を伴うため，どうしてよいかわからず，暴れたり校外に逃げたりすることがあります。その結果，学校に行きづらくなるケースがあります。

　反対に，他者から安心感を得るのをあきらめ，人と距離を取り，情緒を鈍くして落ち着く方略に慣れている場合もあります。そのまま見過ごされ問題が発見されないと，不登校や引きこもりに発展しやすいです。

　愛着障害児の繊細な心の機微はわかりづらく，発達障害と誤解されることもあります。誤解されれば，恐れを慰めてほしいという欲求（「ニード（工藤，2020）」）は理解されません。うまく理解されず，教師やクラスメイトが彼らを怖がったり，迷惑がったりするケースもあります。そうしたケースでは学級，学校の安全感のむしばみに発展し，ほかの子どもや教師まで不登校になることも起こり得ます（大橋，2019）。

2 愛着障害が関係する不登校の対応の留意点

　愛着障害児への対応の原則は，「主観的な安全感を保障するために彼らのニードを理解すること」です。何をきっかけに恐れや苦痛を感じたのか，彼らのニードに瞬間瞬間思いをはせる大人の存在が重要です。

　しかし，愛着障害児が不穏な行動をするたびに思いを巡らすのは大変なことです。教師は多くの子どもに責任をもっていますし，学校には彼らの安全感を脅かすような新奇／競争場面が多いためです。それでも，愛着障害児の安全感の拠点になろうと覚悟して能動的に取り組む教師を「キーパーソン（KP）」と呼びます。KP は学級担任に限らず，校長や学年主任，スクールカウンセラー（SC）でもよいですが，子どもに選ばせるのではなく，覚悟をもって自ら取り組める人であることが重要です。

　愛着障害児にかかわる際に留意したいのは，KP 自身の安全感を守ることです。KP を孤立させないことが重要になります（大橋，2019）。加えて，「甘やかしてはいけない」という学校になじみ深い価値観を見直す必要もあるでしょう。甘やかしと安全感を守ることの違い（工藤，2020）が区別されないと，安全感を守ろうと努める教師に，「わがままの言いなりになっている」と批判が向けられやすいです。KP も KP を支える周囲の教師も，互いにどんな意図で何をしているか，その結果どうなったかなど，頻繁に報告し合うことが重要です（大橋，2019）。それは，組織の中の各々の安全感をみんなで守る風土の醸成につながるとともに，さきざき愛着障害児が学級より大きな環境に巣立つためにも必要なのです。

3 愛着障害が関係する不登校の具体例

　1 人でいることが多いが，問題を起こさない大人しい性格の中学 1 年生の A さん。両親と 3 人暮らしで，母親は礼儀正しく几帳面な印象です。

　1 月ごろ，学級担任の X 先生（40 代女性）に，A さんが素早く小さなメモを渡してきました。メモには「B さんが C さんを陰でいじめています。どうにかしてください」とあり，A さんに話を聞こうとしましたが，「書いてあるとおりなので」と話そうとしません。友達関係にひびが入る

のを恐れているのだろうとＸ先生は内々に対処すると，すでにＢさんとＣさんが仲直りしていることがわかりました。そのことをＡさんに伝えると，Ａさんが欠席し始めました。Ａさんに声をかけても「大丈夫です」としか言いませんが，2回手紙が届きました。「私を生まなければよかったとお母さんがののしる，死んでしまいたい」など，胸が締めつけられる内容でした。どうにかしたい一心でＸ先生はいろいろ対処法を提案しましたが，3月にはＡさんは登校しなくなってしまいました。

　引継いだ次年度の学級担任Ｙ先生（40代女性）は，3月中にSCに相談し助言を受け，自分がKPになることを決意し，学年団に宣言しました。新学期初日，Ａさんは教室に来ませんでしたが，Ｙ先生は放課後に会う約束を取りつけました。それ以降，放課後に毎日2人で1時間程度話す機会を設けました。話が弾まずＹ先生は不安を感じましたが，「毎日来ているじゃない」とSCやほかの教師から励まされました。そんなある日，Ａさんから手紙が届きました。「担任だから時間をとってくれているだけで，本当は面倒くさい生徒だと思ってますよね」との内容にＹ先生は驚き，電話をかけようと思いましたが，「きっと今日も来るから」とSCに諭されました。また，手紙を書いた時間やその日に起きたことなど，主観的事実を明確にするようアドバイスを受けました。

　その日の放課後，Ａさんはいつも通りやってきました。「手紙，届いたよ」とＹ先生から切り出し，いつ書いたのか尋ねると，夜1時ごろとのことでした。その前の出来事をさかのぼると，夕食後に母親の機嫌が悪くなり，「放課後行けるなら，学校に行けるでしょ。先生だって朝から来てって思っているわよ，恥ずかしい。甘えてるだけよ」と怒鳴られたと言います。Ｙ先生は母親に憤りを感じましたが，「事実を聞くこと」のスタンスから，「お母さんにそう言われてどう思ったの？」と聞くと，「すごくムカついたけど，たしかに先生は……面倒くさいと思ってるかもって。先生が私の話を聞きながら時計を触ったことを思い出しちゃったし」と答えました。Ｙ先生は，Ａさんに安心感を与えようと懸命にかかわっていたにもかかわらず，些細なしぐさを大事にされていない証拠と捉え

るＡさんに驚き，Ａさんに怒りを，自分に無力感を感じました。けれども「先生，気づいてなかったよ」とかろうじて口にした瞬間，Ａさんが勇気を出して話してくれたのではないかと思えて，「言ってくれてありがとう。勇気が必要だったでしょ」と尋ねました。するとＡさんは涙を流してうつむき，うなずきました。この日からＡさんはＹ先生や学級，家族に対する不信感や恐れを話し始め，Ｙ先生は引き続き事実を聞くことを大事にしました。同時に，家族にかかわる安全感のなさの問題はSCと，具体的な学校場面での不安についてはＹ先生やほかの教師たちと対処していくことで，Ａさんにとって安全に感じられる大人の輪を広げていきました。そして２学期初日，Ａさんは学級に戻ることができました。

▨ ポイント①　１人で抱え込まない

　２人の教師の最大の違いは，チームでかかわれたかどうかです。教師は子どもの問題を自分の責任と感じて抱え込みやすいですが，ほかの教師と協働することで教師自身の気持ちも支えられ，子どもにとって安全に感じられる大人の輪も広がるため，重要です（大橋，2019）。

▨ ポイント②　事実を聞く

　Ｘ先生はＡさんが意外な反応や行動をした際，その要因を探求しようとしていません。「友達関係にひびが入るのが……」など，自動的に考え，それをもとに行動してしまっています。教師が陥りがちな失敗が，「ほかの子を褒めるといつもパニックになる」など，原因を「いつもの／よくある」と決めつけ，**わかった気になってしまう**ことです。「彼らが苦痛を感じるのには毎回違う原因があるのではないか，自分はわかっていない」という前提に立ち，子どもを理解しようとすることが必要です。

　Ｙ先生は対話を通して，Ａさんが母親に冷たい言葉を投げかけられていることや，自分への不信感をもっていることを知ることになりました。子どもが主観的安全感を失うところには，教師の想像の及ばない理由が隠れていることが多いのです。子どもから事実をよく聞くことは，「なるほど，そうだったのか」と心から思える共感につながります。そして，このような共感が子どもの安心感を育てていくのです。

4 虐待が背景にある不登校

1 不登校と虐待

　虐待がすべての不登校の原因ではありませんが，家庭環境が穏やかでないならば，子どもはやはり学校を休みがちになるでしょう。厚生労働省（2018）の集計では児童相談所が対応した件数は過去最多の 15 万9,850 件でした。平成の 30 年間で約 150 倍に増加しています。

　不登校になっている子どもはもちろん，普通に学校生活を送っている子どもにも，学級担任は常に目を配り，家庭で安心して暮らしているのか気づける観察力を磨いておく必要があります。なぜなら，家庭で虐待を受けていたとしても，子ども自身はそれが異常なこととわからず，自分で「これは虐待だ。助けてくれ！」とは言い出せないからです。

　子ども自身は，ほかの家庭と比較できず自分の家庭しか知りませんから，つらくても「こんなもの」と思うしかありません。つらいと思っても逃げ場はないため，不快な気持ちをため込みます。それがたまれば子どもの心はゆがみ，人を信じられなくなってしまいます。そんな人間にしないためにも，子どもを虐待から救わなくてはならないのです。

2 虐待が関係する不登校の対応の留意点

子ども虐待の種類

　虐待から生じる不登校は多様で，表面的には見えにくいことを理解しておきたいものです。あらためて虐待の種類を確認しましょう。

・身体的虐待：身体的暴力，薬物投与などで身体に損傷を与える
・心理的虐待：罵倒，脅し，拒絶などで心に外傷を与える
・性的虐待：性行為をする，性的対象として扱う，性行為を見せつける
・ネグレクト：食事など発達に必要なケアをしない，子どもを無視する

身体的な暴力による虐待は，服で隠れる場所など，外見上目立たないところにアザがあることが多いです。本当は一番甘えたい相手である保護者から理不尽な暴力を受け続ければ人間不信になり，さらに不安や抑うつが強まることで気力がなくなり，不登校につながりやすいです。

ネグレクトも虐待です。保護者が服装を変えさせず，風呂に入れないと不潔で学校に行きにくくなります。いじめの対象になる可能性もあります。学校に送り出さずに遅刻が多くなったり，保護者が記入すべき書類の提出が遅れたりすることも子どものプライドを傷つけ，学校生活への意欲を減退させて，結局は不登校になってしまう場合があります。

また，虐待を受けている子どもで「学校にも家にもいたくない」というケースもあります。この場合，最初は子どもの様子がなまけ（怠学）のように見えてしまうかもしれませんが，学級担任は一方的に思い込まず子どもの様子に敏感になって話をじっくりと聞いてあげましょう。

通告義務

「虐待かもしれない」と少しでも気になった場合は，確証がなくてもすべての国民は福祉事務所や児童相談所に通告しなければなりません。そして教職員のような子どもとかかわる者は，特に早期発見に努めることが求められています［児童虐待防止法による］。

「チーム学校」の実践――チーム・組織によるアプローチ

加藤（2017）は虐待の解決には教師同士のていねいな情報交換が重要と指摘しています。学級担任は1人でかかわるのではなく養護教諭，スクールカウンセラー（SC），スクールソーシャルワーカー（SSW）らとチームを組み，家庭の問題点を調整しつつ不登校を改善させていきます。

虐待が疑われる家庭への介入として，山脇（2016）は専門性の不足や多忙といった課題を指摘していますが，やはり児童相談所のような校外の公的機関と連携を取りながら組織として子どもの困難な状況の改善を進めていくことになります。決して教師1人で家庭内の問題に踏み込んではいけません。

3 虐待が関係する不登校の具体例

■ ネグレクトのケース

　元気に登校できているときでさえ，同じ服装がずっと続き，保護者は何をしているのだろうと心配になる子どもがいました。入浴をしていないのかにおいがしたり不潔な感じがしたりすることもありました。

　遅刻した際に理由を尋ねると，「朝，起こしてもらえなかった」と言います。いつも給食を待ち遠しくしており，家ではご飯が用意されていないのかもしれません。保護者にお弁当を用意してもらう日に，コンビニエンスストアのおにぎりを持ってきたこともありました。保護者に書いてもらう書類の提出が遅れることもしばしばです。欠席しても保護者からの連絡はなく，学校から連絡してみても，なかなかつながりません。

　やがて学校生活が気まずくなったのか不登校になりました。家庭訪問で保護者と話し合うと，「経済的に困窮しており，子どももかわいいとは思えず，子育ては手抜きをしている」と言います。教師が「これは虐待ですよ」と指摘すると「乱暴はしていない」と激しく否定しました。

■ 身体的な暴力のケース

　着替え中，ある子どもの体（服で隠れる場所）にアザがあるのを友達が見つけました。教師が本人に尋ねると「転んでできた」と言いますが不自然な部位でした。

　体格もよく穏やかな雰囲気ですが，ときおり何かにおびえている感じがします。あるとき，友達同士が口論を始めると，まったく関係がないのに大声で泣き出しました。こうして情緒が不安定になると，別人のように落ち着かなくなりました。そして，やがて不登校になってしまいました。教師が家庭訪問し，アザのことも確認すると，保護者は「本人が気弱なので，しつけの一環として厳しい指導をしている」と言います。かなり高圧的で，感情的でした。

4 チームとしてかかわる

　虐待が背景にある不登校には，教師は必ず保護者と向き合う時間を確

保しなければなりません。しかも，保護者の子育ての姿勢や家庭の環境と，かなり厳しく対峙しなければならない場合もあり得ます。これは，学級担任がクラス運営のかたわら1人で行えるようなことではありませんから，さまざまな立場の複数のスタッフでチームを組む必要があります。

　このチームでは，虐待と不登校の両方を改善させなければなりません。そこで，子どもの性格や学校生活，友達関係のような日常生活についての情報をもつ学級担任も重要なメンバーの1人になります。チームの中では，子どもと直接向き合うよりもほかのスタッフを支える裏方にまわり，サポートに徹するなど，柔軟に振る舞うことが求められます。「SCにお任せしたので後はお願いします」という発想ではダメなのです。

　1つめのネグレクトのケースでは，経済的な問題と保護者自身の子育ての困難について，SSWと福祉事務所が保護者の支援を進め，学級担任は保護者に福祉サービスを受ける必要性を説明し，子どもとの向き合い方についても助言を得るよう促したところ，半年たって子どもはまた学校に通えるようになりました。

　2つめの身体的な暴力のケースは，保護者の養育態度に大きな問題があり，さらに子どもの心理的な混乱も明らかだったので，保護者には児童相談所が「しつけと暴力は違うこと」について指導を行い，子どもにはSCが受容してかかわることで自信を回復させ，学校に通える土台ができました。学級担任は児童相談所に保護者の人柄や保護者以外で子どもを守れる親族に関する情報提供を行いました。

　それぞれの子どもは学校に戻ってきました。保護者対応で学級担任は裏方でしたが，このさきはチームのほかのメンバーがバックアップにまわり，学級担任が子どもの成長を促します。信頼すべき家族から無視や暴力を受けた子どもは，根強い人間不信や心的外傷後ストレス障害（PTSD）を抱え心の中に恐怖心があり，自己肯定感が低くなっています。学級担任は言葉と態度で「あなたを守る」と「大丈夫だ」という信頼と安心感とを子どもに与え続けることが大切です。

5 貧困が背景にある不登校

1 不登校と貧困

　不登校の背景に貧困がある，とはどういうことでしょうか。

　文部科学省（2019）によれば，小・中学校における不登校を含む長期欠席者（約24万人）のうち，経済的理由[注1]に計上されている子どもの数はわずか24人です。その要因としては，就学援助制度などによって生活保護世帯とそれに準ずる低所得者層の世帯に対する経済的支援の充実が図られてきたことが考えられるでしょう。たしかにこの数字だけをみれば「不登校を含む長期欠席の背景に，貧困は関係ないのでは」と思われるかもしれません。しかしいっぽうで，不登校の要因の1つである「家庭に係る状況」[注2]を抱える子どもは6万人を超え，不登校の子どもの全体の約3分の1を占めています。この中には，上記と同様の生活状況に陥っていても制度利用をしない・できない家庭も多く含まれていることが想定され，経済的理由に含まれていないケースは決して少なくはないかもしれません。

　いっぽう，社会全体に目を向けると，「子どもの貧困」に注目が集まっています。貧困率は，その国の文化水準，生活水準と比較して困窮した状態を指す相対的貧困率[注3]をもとに換算していますが，厚生労働

注1　文部科学省の定義によれば，「経済的理由」とは「家計が苦しく教育費が出せない，児童生徒が働いて家計を助けなければならない等の理由で長期欠席した者」をいう。文科省の定義による不登校には経済的理由による長期欠席を含まないが，実際に現場で困り感があること，貧困が不登校の要因にあげられる友達関係の問題や学業不振，進路にかかわる不安や課外活動への不適応などにつながる可能性があることをかんがみ，本節では不登校の要因の一つとして扱うこととする。

注2　文部科学省の定義によれば，「家庭に係る状況」とは，「家庭の生活環境の急激な変化，親子関係をめぐる問題，家庭内の不和等が該当する」をいう。

省の 2019（令和元）年の国民生活基礎調査では,「子どもの貧困率」は13.5％,さらに「子どもがいる現役世帯のうち大人が一人の貧困率」は48.1％であり,就学援助を受けているかどうかにかかわらず,多くの子どもやその家庭が困難な状況にあることがうかがえる数字です。

② 貧困が関係する不登校の対応の留意点

貧困が関係する不登校への対応の際,最も留意すべき点の１つは,子どものおかれた環境を「想像する」ことではないでしょうか。例えば,そもそも貧困とはどのような状況を指すのか,イメージすることはできるでしょうか。松本（2019）は貧困を「人が生活していくための『必要』を充足する資源の不足・欠如」と定義し,この資源には食事や金銭といった目に見える喫緊のものだけでなく,社会参加できる生活基盤を整え,人とのつながりや文化にふれるなど,目に見えないものも含めたさまざまな資源が含まれると述べています。このような考え方は,イギリスの社会学者タウンゼントの「相対的剥奪」という考えに基づいています。つまり貧困とは,個人の怠惰,または「飢え死にするかどうか」といった生命の維持の問題を超え,社会保障や社会参加といった,社会構造上の問題として捉えられています。

では,前述の数字をイメージしやすくするため,誤解を恐れずにより具体的な数字におきかえてみていきましょう。2018（平成30）年での貧困線は127万円となり,4人世帯に換算すれば世帯所得が250万円程度となります。たしかにぜいたくさえしなければ食事には困らないかもしれません。しかし,学習環境を整えたり,同級生と同等の遊びや習い事,さらには芸術や文化に十分ふれるような機会をもつことは至難の業です。それでも保護者の多くは子どものために少しでもよい環境を与えたいと身を削って働いているのが現状です。保護者がゆっくりと時間を割いて子どもと向き合ったり,学校行事に参加したり,教師との面談に

注3　相対的貧困率とは,世帯の所得が,その国の等価可処分所得の中央値の半分（＝貧困線）に満たない状態にある世帯員が全体に占める割合をいう。

頻繁に応じることが，どれほどむずかしいかをご理解いただけると思います。そのうえで，このような生活状況の中では，不登校の要因にもあげられている友達関係の問題や学業不振，進路にかかわる不安や課外活動への不適応などに発展してしまう可能性に気づいていただけるのではないでしょうか。

3 貧困が関係する不登校の具体例

▓ 要保護家庭に対する学校と福祉事務所の連携事例

中学3年生のAさんは母親と2人暮らしです。母親が病弱で十分に働くことができないため収入が少なく，生活保護を受給しています。Aさんはもともと引っ込み思案なうえに，生活環境が不衛生になりがちで，年齢が上がるたびに現実を直視することがつらくなり，さらに他者から受ける冷たい視線に傷つき，しだいに学校への足が遠のいてしまいました。Aさんは心配かけたくないと母親を頼ることもできず，1人で悩み，内にこもってしまう日々が続いていました。

このように，人に対する不信感が募るAさんに対し，他者への信頼回復を模索しつつ，同時に進路指導も検討する必要がありました。学級担任や生活保護ワーカーなどが連携し，Aさんの自己肯定感が高まるような働きかけをていねいに行いました。具体的には，定期的な家庭訪問や外出の促進，個別の学習支援や進路相談，境遇の近い子どもとの出会いの場の設定，さらに地域住民との交流の機会をつくるなど，本人へのエンパワメントを行うことに重点をおきながら支援を展開しました。

結果として，本人の意欲が高まり，無事に高校受験し，合格を勝ち取りました。卒業時には「お世話になりました。もう私のことは心配しないでください」と周囲にお礼を言うまでに成長していきました。

▓ 生活困窮を伴うヤングケアラーに対するチーム支援事例

中学1年生のBさんは，両親と弟（小1），妹（4歳と2歳）とともに，小学6年生時に県外から転入してきました。小学生のうちは問題なく登校できていましたが，中学校入学直後，友人関係で小さなトラブル

が生じ，それをきっかけに保護者から「もう学校には行かせない」と大事になってしまいました。学校としては事の詳細がわからず，困惑していました。保護者にあらためて話を聴いていくと，実はBさんの中学校入学によって，制服や通学用カバンなどの身の回りの持ち物や部活動の部費など，小学校時とは異なる出費が重なり家計が苦しくなったこと，さらに，部活動によってBさんの帰宅時間が遅くなったことで，保護者自身が弟妹の世話に対する負担感を感じ，Bさんに家にいてもらいたいという思いになっていたことがわかりました。Bさん自身はヤングケアラー^{注4}の自覚はなく，「弟妹の世話をすることは負担ではない」「親の役に立ちたい」とその役割から解消されることをかたくなに拒みました。その様子からむしろBさんは家庭内に役割があることによって居場所を見いだしているようにさえ見えました。

　そこで中学校は教育委員会と一緒に検討し，教育支援センター（適応指導教室など）につなげることでBさんの学習機会の保障を行いました。その結果，学習面の改善のほか，大学生ボランティアとのかかわりによってロールモデルを獲得し，主任児童委員とのかかわりによって地域にも居場所ができました。同時に，弟が通う小学校と日常的に連携を図りながら就学援助制度の利用を促進したり，子育て世代包括支援センターの活用につなげて弟妹の保育所入所手続きを進めたりする中で，徐々に家庭内が安定し，Bさんが中学2年生になるころには保健室への別室登校ができるようになりました。Bさんは「将来，看護師になりたい」という夢を叶えるため，自分の意思で個別課題に取り組みながら教室復帰をめざしています。

　この2つの事例のように，貧困が関係する不登校は本人への支援だけでは解決しません。学級担任だけで抱えることもできません。関係者と協働し，家庭の経済的支援につなげることはもちろんのこと，人や地域の社会資源につなげていく視点が求められるのではないでしょうか。

注4　大人が担うような家事や家族の世話，介護など過度な負担を強いられている18歳未満の子どものことを指す。

6 外国籍の子どもの不登校

1 不登校と外国籍の子ども

　学齢期にある子どもの「長期間学校に行かない状況」を考えるとき，外国籍の子どもの場合は，学籍がない「不就学」と学籍がある「不登校」の2種類が存在することに留意する必要があります。

　まず，「不就学」の背景について整理しましょう。日本国憲法では，「すべて国民は，法律の定めるところにより，その保護する子女に普通教育を受けさせる義務を負ふ。義務教育は，これを無償とする」（第二十六条の2）とありますが，外国籍の保護者はこの義務は負いません。

　いっぽう，国は，「外国人がその保護する子を公立の義務教育諸学校に就学させることを希望する場合には，無償で受け入れており，教科書の無償給与や就学援助を含め，日本人と同一の教育を受ける機会を保障」するという立場をとっています。しかし，子どもを就学させていない外国籍の保護者は少なくありません。

　「不就学」状況にある外国籍の子どもの存在は，1990年代より社会的に問題になっていましたが，文部科学省による全国調査が初めて行われたのは2019（令和元）年でした。日本に住む義務教育相当年齢の外国籍児12万4,049人の15.8％にあたる1万9,654人が，教育機関に在籍していない「不就学」状況の可能性があることが判明し（日本経済新聞，2019），その数の多さに社会の注目が集まりました。

　しかし，これらの子どもたちが，なぜ，どのように「不就学」状況になるのか，実態は明らかになっていません。保護者に子どもを就学させる義務がないために，不就学の子どもたちの状況確認を対象外としている教育委員会もあるようです。つまり，「不就学」状況にある外国籍の子どもは，日本社会の中で「手が届きにくく・見えにくい」存在となっ

ているのが実情です。

　いっぽう，「不登校」状況にある外国籍の子どもの場合は，学籍があるので，その実態を学校関係者が「確認できる」存在となります。しかしながら，それらの子どもたちに対して，教師が家庭訪問を重ねて学校に来るように働きかけても，言葉の壁があって保護者と会話ができない，文化の壁があって学校に休まず通わせる教育的意義を理解してもらうことがむずかしい，ということが，しばしばあります。「不就学」状況の場合と同様に，「不登校」状況にある外国籍の子どももまた，「手が届きにくい」存在となっているのが実情です。

2 外国籍の子どもの不就学・不登校の対応の留意点

　まず，学齢期にある外国籍の子どもの「長期間学校に行かない状況」は，教育機関への移行過程で発生しやすい点に留意する必要があります。移行には，母国の学校から日本の学校に転入する場合，日本国内の外国人学校から日本の公立学校に転入する場合やその逆の場合などが考えられます。さらに，学校の転入・転出が複数回にわたる場合もあります。

　筆者らの研究では，日本の公立学校から在日ブラジル人学校への移動，あるいはその逆の移動，「不登校」状態から「不就学」状態あるいは在日ブラジル人学校への移動，「不就学」状態から「就学」状態への移動が確認されました。2007（平成19）年12月1日現在で，在日ブラジル人学校75校に在籍する学齢期の子ども6,368人のうち，71%にものぼる子どもが過去にこれらの移動を体験したことが判明しています（文部科学省，2007）。

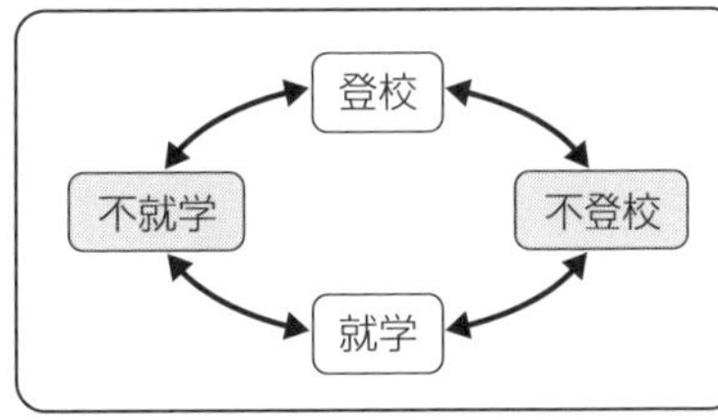

　次に，学齢期にある外国籍の子どもの「長期間学校に行かない状況」で発生しやすい「不就学」や「不登校」状態は，「就学」「登校」という状態にひとたび変化しても，再び「不就学」や「不登校」状態に変わりうる，という

図3-1　学齢期にある外国籍の子どもが「長期間学校に行かない状況」

点にも留意する必要があります。例えば，「不就学」状態にあった子どもが，教育委員会の働きかけにより「就学」するようになったが，学校にうまく適応できず，「不登校」状態になってしまう，ということがあります。また，「不登校」状態にあった子どもが，学級担任の働きかけにより「登校」するようになったが，中学校に移行するときに，「不就学」状態になる場合もあります（p.55，図 3-1 参照）。

　学齢期にある外国籍の子どもの「長期間学校に行かない状況」を解決するには，その子どもと家族の，言語・文化の多様性，日本に来た理由・時期，将来設計の多様性，家庭の環境の多様性に配慮する必要があります（文部科学省，2019）。教師など対応者は，対象となる子どもと家庭が抱える状況を，経験知で判断することを回避しながら，その多様で複層的な状況を理解する聞き取りをするように心がけることが肝要です。その積み重ねのなかで，1 人 1 人の子どもの状況に合った対応策が導き出されていくと考えられます。

③ 外国籍の子どもの不就学・不登校の具体例

　外国籍の子どもが関係する不就学・不登校には，さまざまな事例があります。その典型例を 3 つ，以下に紹介します。

▨事例 1　教育委員会からの通知に対応できなかった

　就学時健康診断や入学通知書など，就学にあたっての文書を教育委員会から保護者に送ったにもかかわらず，転居により届かず，その後もその家族の行方が確認できなかったケースがありました。また，子どもの就学のものと気づかず，教育委員会から届いた通知を捨ててしまったというケースもありました。

　通知には，多言語対応を図る工夫が必要となります。WEB 上で提供されているツールを活用し，保護者の母語で内容を理解できるようにする方法が考えられます。文部科学省「かすたねっと」（https://casta-net.mext.go.jp/）は，教材・文書や学校関係用語・予定表の作成の多言語対応を支援しています。また，小学校の入学準備については，愛知教

育大学外国人児童生徒支援リソースルームが提供している，リーフレット『国際ファミリーのための日本の小学校に入学する前に（生活編）』（http://www.resource-room.aichi-edu.ac.jp/kyozai_sonota_leaflet.html）が参考になるでしょう。

▨ 事例2　子どもを学校に戻すタイミングを先延ばしにしていた

　子どもが「不登校」状態にある保護者と話してみると，多くの場合，「子どもに学習の機会を与えたくない，と考えてはいない」ことがわかります。保護者の妊娠，離婚，失業，転居など，「子どもの教育問題より優先しないといけない事情」が発生したために，子どもを学校に戻すタイミングを先延ばししてしまっていた，という事例が数多くあります。

　スクールカウンセラー（SC）などの学校関係者が，「不登校」の子どもがいる家庭を訪問し，保護者と面談することで，その解決の糸口を探っていくことになりますが，「不登校」状態の解決に向かうケースもあれば，向かわないケースもあります。

　学校がNPOなど外部の団体との連携を図り，団体が子どもたちに日本語力，学習力，地域活動の機会の向上を支援することで，学年や学期の変わり目に登校を実現させたケースもあります。いっぽうで，子どものきょうだいやいとこなど，子どもにとって身近な存在が「不登校」状態である場合，対象となる子どもを登校に動機づけていくのはきわめて困難で，方策が検討されているところです。

▨ 事例3　特別な支援をめぐって

　外国籍の子どもの「特別支援学級」の在籍率が，外国人集住地域では，2倍超であったことが報道されました（毎日新聞，2019）。入級の根拠となるスクリーニングテストに日本語や日本文化の理解が前提になっているものがあり，子どもが抱える障害を判別するには適切でないのではという議論も生まれています。保護者が学校側からの説明に納得できず，学校に不信感を抱くようになった結果，子どもが「不登校」となったケースもありました。現在，各地で外国籍の子どもの状態を的確に判断できるスクリーニングテストのあり方が模索されています。

◆引用・参考文献（3章）—————————————————

〈1節〉

・Cammack-Barry, T. (2005). Long-term impact of elementary school bullying victimization on adolescents. *Dissertation Abstracts International : Section B : Science and Engineering*, 65, 4819.

・国立教育政策研究所生徒指導・進路指導研究センター編（2016）「いじめ追跡調査 2013-2015　いじめ Q & A」

https://www.nier.go.jp/shido/centerhp/2806sien/tsuiseki2013-2015_3.pdf（2020 年 3 月 10 日：閲覧）

・文部科学省（2016）「義務教育の段階における普通教育に相当する教育の機会の確保等に関する法律の公布について（通知）」（平成 28 年 12 月 22 日）

https://www.mext.go.jp/a_menu/shotou/seitoshidou/1380952.htm（2020 年 3 月 20 日：閲覧）

・文部科学省（2018）「平成 30 年度　児童生徒の問題行動・不登校等生徒指導上の諸課題に関する調査結果について」

https://www.mext.go.jp/content/1410392.pdf（2020 年 3 月 10 日：閲覧）

・文部科学省（2019）「不登校児童生徒への支援の在り方について（通知）」（令和元年 10 月 25 日）

https://www.mext.go.jp/a_menu/shotou/seitoshidou/1422155.htm（2020 年 3 月 20 日：閲覧）

〈2節〉

・加茂聡・東條吉邦（2013）「発達障害に見られる不登校の実態と支援に関する研究—広汎性発達障害を中心に—」自閉症スペクトラム研究 10：29-36

・久木田裕紀・橋本創一・松尾直博・山中小枝子・杉岡千宏（2018）「適応指導教室における発達障害が背景にある不登校児童生徒の支援に関する調査研究」東京学芸大学紀要，総合教育科学系，69（2）：403-409

・文部科学省（2012）「通常の学級に在籍する発達障害の可能性のある特別な教育的支援を必要とする児童生徒に関する調査について」

https://www.mext.go.jp/a_menu/shotou/tokubetu/material/1328729.htm（2020 年 8 月 3 日：閲覧）

・森正樹（2011）「思春期・発達障害児童への発達支援 特別支援教育巡回相談におけるカンファレンスの実際」長崎勤・藤野博編著『臨床発達心理学・理論と実践④ 学童期の支援—特別支援教育をふまえて—』ミネルヴァ書房，161-174

・森正樹（2019）「不安軽減と動機づけにつながる教師のコミュニケーションの工夫」指導と評価 65 巻 6 月号 50-51

・森正樹（2018）「前期青年期における支援—学校コンサルテーション」臨床発達心理士認定運営機構監修，本西絹子・藤﨑眞知代編著『講座・臨床発達心理学② 臨床発達心理学の専門性』ミネルヴァ書房，211-236

〈3 節〉
・工藤晋平（2020）『支援のための臨床的アタッチメント論：「安心感のケア」に向けて』ミネルヴァ書房
・大橋良枝（2019）『愛着障害児とのつきあい方—特別支援学校教員チームとの実践』金剛出版
〈4 節〉
・加藤尚子（2017）『虐待から子どもを守る！ 教師・保育者が必ず知っておきたいこと』小学館
・厚生労働省（2018）「平成 30 年度　児童相談所での児童虐待相談対応件数＜速報値＞」
https://www.mhlw.go.jp/content/11901000/000533886.pdf（2020 年 7 月 14 日：閲覧）
・山脇由貴子（2016）『告発　児童相談所が子供を殺す』文藝春秋
〈5 節〉
・井手英策・柏木一惠・加藤忠相・中島康晴（2019）「ソーシャルワーカー—『身近』を革命する人たち—」ちくま新書
・松本伊智朗・湯澤直美編（2019）「シリーズ子どもの貧困①生まれ，育つ基盤—子どもの貧困と家族・社会—」明石書店，33
・文部科学省（2019）「平成 30 年度　児童生徒の問題行動・不登校等生徒指導上の諸課題に関する調査結果について」
https://www.mext.go.jp/content/1410392.pdf（2020 年 9 月 2 日：閲覧）
・鈴木庸裕編著（2018）「学校福祉とは何か」ミネルヴァ書房
・厚生労働省（2019）「国民生活基礎調査」
https://www.mhlw.go.jp/toukei/saikin/hw/k-tyosa/k-tyosa19/index.html（2020 年 9 月 2 日：閲覧）
〈6 節〉
・毎日新聞（2019）「外国からきた子どもたち　支援学級在籍率，外国籍は 2 倍　日本語力原因か　集住市町調査」 毎日新聞 2019 年 9 月 1 日東京朝刊
・文部科学省（2007）「外国人教育に関する調査研究」委託研究報告書
・文部科学省（2019）総合教育政策局共同参画共生社会学習・安全課『外国人児童生徒受入れの手引き（改訂版）』https://www.mext.go.jp/a-menu/shotou/clarinet/002/1304668.htm（2020 年 8 月 6 日：閲覧）
・日本経済新聞（2019）「外国籍児 1 万 94 人が不就学か　文科省，初の全国調査」日本経済新聞 2019 年 9 月 27 日

4章

章

チーム学校で行う
不登校の予防・対応

本章では，子どもの援助領域に対する具体的な連携先を
学級担任の目線で紹介します。
また，実際の対応に役立てられるよう，
連携の仕方を事例をあげて説明していきます。

1 複合的支援とチーム連携

1 多様な不登校の援助ニーズ

　不登校の背景は実に多様です。「登校しない」という事象の裏にはそれぞれの子どものさまざまなニーズが隠れています。不登校の子どもの援助領域と連携先についてまとめた図4-1をご参照ください。学校心理学（石隈, 1999）の援助領域である学習面，心理・社会面，進路面，健康面に限ってみてもさまざまなニーズが背景に潜んでいる可能性があります。例えば，友達関係でつまずいたことがきっかけで不登校になった中学生の話を聞いていくと，背後に，学習面の苦戦の状況が存在することが少なくありません。加えて，こうした状況は，進路面における見通しの不安定さにつながります。そして不登校と進路面の展望のなさは，子ども自身の日々の生活から張り合いを奪い，結果的に生活リズムを大きく崩してしまいます。食事や睡眠が乱れてくると，健康を維持することはむずかしくなります。

　ここで大事なことは，1人の子どもが不登校という現象にいたるまでにはさまざまな援助ニーズが複合的に絡んでおり，教師は学習面，心理・社会面，進路面，健康面について複合的な支援が必要であると理解することです。この支援は教師1人でできるものではなく，チームでの連携が必須となります。

　連携先には，校内外にさまざまな役割や場があります。連携の方法については，不登校の各ケースで個別性があるため，一般化することはむずかしいです。そこで本章では，次の第2節で中学校と小学校の事例を用いて，校内外の援助資源と連携して対応していく流れを解説します。読者のみなさんが，チームで不登校の子どもへ支援を行う具体的なイメージをもつ手助けになれば幸いです。

図 4-1　不登校の子どもの援助領域と連携先

援助領域とそのニーズ

学習面

学習面のつまずき，学習環境への不適応（授業が理解できないなど），勉強への意欲の低下，特定科目の苦手意識

心理・社会面

家庭での虐待被害，いじめ被害，心理的なさまざまな課題，友達とのコミュニケーションがむずかしい（スキル，発達の偏り）

進路面

周囲や自分自身の進路に対する強い期待，学力面からの進路の選択肢の限定

健康面

さまざまな身体的な疾患，睡眠に関する疾患，精神面に関する疾患，薬物やアルコール関係の嗜癖

担任から見たおもな連携先

校内＞
特別支援教育コーディネーター，スクールカウンセラー
校外＞
教育センターでの見立て，病院などの診断

校内＞
特別支援教育コーディネーター，スクールカウンセラー
校外＞
市町村の虐待対応窓口，児童相談所，スクールソーシャルワーカー，スクールロイヤー（弁護士）

校内＞
特別支援教育コーディネーター，スクールカウンセラー
校外＞
通信制高校，フリースクール，サポート校，放課後デイサービスなどさまざまな進路先

校内＞
養護教諭
校外＞
医療関係機関

1 学習面，心理・社会面，進路面が関係する中学3年生のケース

▨ 発端（2学期11月）

　中学校の男性教諭のX先生は，3年生の学級担任をしており，学級の女子生徒Aさんの対応に悩んでいました。Aさんは，GW明けから登校がむずかしくなり，2学期の半ばが過ぎてもなかなか登校できません。X先生は家庭訪問を継続して行っているのですが，最初は面会できていたAさんと会うこともむずかしくなりました。母親の話によると，美術部の友達とは無料通信アプリでやりとりを続けており，休日にはアニメ関係や画材のショップに一緒に行くようです。

　いじめの被害を疑い，Aさんの人関関係について確認しましたが，何か事象があったわけでもなく，本人からの被害感の訴えもありません。Aさんは口数が少なく，あまり目立たない生徒です。勉強には苦戦しており，特に数学，英語に苦手意識があるようです。家では，自分のイラストを，SNSやイラストや作品づくりの動画サイトに投稿しているようです。もう11月で，進路選択が迫っていることもあり，X先生は心配が募っています。

　不登校の支援では，まず子どもの状態を理解し，背後にある複合的な援助ニーズを見つけることが大切です。「思春期特有の対人関係の悩みだ」「心の闇がある」などと一面的な理解に基づく安易なラベル貼りを子どもにすると，適切な支援につながりません。

　しかし，Aさんの事例のように，本人が心の内を打ち明けない場合，情報が限られており，どのように支援したらよいかの方向が見えにくいです。こうしたケースの場合，校内連携による情報収集が有効です。

　学級担任のX先生は，生徒指導主事と相談し，スクールカウンセラー（SC），部活動の顧問の4人で，ケース会議を開くことにしました。学校心理学ではこれを「援助チーム」といいます。援助チームには，校

内外のネットワークを広く視野に入れるものがありますが、その核となるのが「コア援助チーム」です（田村・石隈，2003）。援助案を考える中心でもあります。コア援助チームがどのように立ち上がり，どう援助案が検討されるのか，以下で詳しく見てみたいと思います。

▨ コア援助チームの立ち上がり

　X先生は生徒指導主事と相談し，SCの勤務日に，コアメンバーによる援助チーム会議を設定しました。メンバーは，X先生，生徒指導主事，SC，Aさんが所属する美術部の顧問で，時間は40分です。会議では，Aさんの状況を理解するためにできるかぎり情報を集めること，そしてそれをもとに具体的な援助案を考えることをゴールとしました。

　最近のAさんと面会できている学校関係者がいないため，X先生は会議でまず，母親から聞いた情報を伝えました。するとSCが，Aさんには学習の課題があることから，学習面での特別な支援が必要である可能性を指摘しました。また，口数が少なく絵を描くことが好きであることの背後に，コミュニケーションや理解の課題が隠れている可能性があることも話しました。これを聞いたX先生は，母親がAさんとのコミュニケーションに苦労していて，「4歳年下の弟のほうが話が伝わりやすい」とこぼしていたことを思い出しました。

　また，美術部顧問からは，Aさんが美術系高校への進学を希望していることを聞きました。しかし，Aさんがめざしている高校は人気が高く，入学はそう簡単ではありません。そこで，進路の希望をかなえるにはどうしたらよいか4人で話し合い，Aさんの希望に合う進路の情報を収集する必要があることが確認されました。

　話し合ったことをもとに，今後どのような援助をしていくかを考えました。SCから指摘された学習やコミュニケーションへのAさんの課題について，検査などの科学的な情報収集をすることの必要性が確認され，次回の家庭訪問時に，X先生が保護者の気持ちに配慮しながら提案してみることにしました。美術部の顧問は，現在Aさんと連絡をとっている同じ美術部の友達にAさんの様子を聞くことと，Aさんの希望に合う美術系の進路についての情報を集めることにしました。加えて，X先生も，美術系，アニメーションなどを扱う高校や専門学校の情報を，校内の進路指導の先生に相談しながら，収集することにしました。

　会議により，Aさんは，学習やコミュニケーションにニーズがあり，それが要因で登校にむずかしさが生じている可能性があるとわかりまし

た。学校心理学でいうところの学習面の課題です。そしてその課題が，心理・社会面に影響し，また，成績がかんばしくないことから進路面の見通しが立たないことにもつながっている可能性も確認できました（p.63，図4-1参照）。Aさん本人の来談がなくても，コアチーム援助会議を行い，学級担任，生徒指導主事，美術部顧問，SCが情報をもち寄り，立体的にAさんを見ていくことで，次のアクションにつなげることができています。

　このように，チームを組むときは，アクションプランを立てることが必要です（水野，2014）。単に現状を共有するだけでは，援助案を作成することができませんし，具体的なアクションプランを作成しなければ，次のコア援助会議の必然性が見えてきません。今回の事例では，学級担任のX先生は家庭訪問し，Aさんの課題や検査について保護者に提案する，部活動の顧問は，Aさんと交流のある生徒からそれとなく様子を探る，また，手分けしてAさんの希望する進路の情報を集める，というアクションプランができました。

▨アクションプラン実施後

　さて，1週間後，SCの勤務日の放課後に，X先生，生徒指導主事，美術部顧問，SCで再度集まりました。まず，美術部顧問が，Aさんと連絡をとっている同じ美術部の生徒から聞いたことを伝えてくれました。それにより，Aさんがネット上のアニメのコミュニティには頻繁に書き込みをしていること，また，やはりAさんは美術系高校に行き，美大に進学したいという夢をもっていることがわかりました。

　X先生は，家庭訪問の結果を報告しました。Aさんの学習面の課題やコミュニケーションについて母親に話をしたところ，Aさんに話の通じにくい側面があることは認めましたが，それが専門機関での検査につながることには理解が及ばない様子で，少し戸惑った表情になりました。しかし母親は，成績については心配していました。小学4年生くらいから学習面の遅れが目立っており，塾や家庭教師で学力面の下支えを試みたが，抜本的な解決にはいたっていないようです。X先生は，自分とSCと母親の3人で面会することを提案し，母親が承諾してくれたことを報告しました。

こうして，X 先生が同席することで，SC と母親の面会が実現しました。面会では，母親が A さんの特性を理解する方向に話が進みました。こうしたことが，A さんの適切な理解につながり，適切な援助につながっていきました。

2 心理・社会面(家庭環境)が関係する小学 4 年生のケース

> ### ▨ 発端 （1 学期の GW 明け）
>
> 　小学 4 年生の学級担任の Y 先生は，担任を受けもつ B くんについて悩んでいました。B くんは 4 月以降，週のはじめ（月曜日と火曜日）になかなか登校できません。水曜日以降は登校しますが，遅刻が多く，10 時ごろに学校に到着します。ただ B くんは，遅れてきても，また欠席が続いても，堂々と教室に入ることができます。
>
> 　B くんは，宿題は提出しませんが，習っていないはずの算数の問題を解いたり，国語の授業で鋭い感想を寄せてくれたりします。学級のほかの子どもたちはそんな B くんの鋭さに気づき，一目置いています。
>
> 　B くんのお家は，お父さんとお母さん，子ども 4 人の 6 人家族です。B くんは 4 人きょうだいの長男で，B くんの下に，1 年生の妹と，こども園に通う弟，また，3 月末に生まれた赤ちゃんがいます。B くんは昨年は遅刻も欠席も多くなく，どうやらこの生まれたばかりの赤ちゃんの世話で家庭が大変なことが，関係しているようです。なかなか登校できない週の初めに，Y 先生が朝，家庭訪問しても，寝静まっているような感じで物音がしないことが多くありました。家庭訪問で応答がない日は，母親から夕方に連絡が来て，「また今朝も B を起こすことができませんでした。うちは小さい子もいるし，お父さんが出張でいないことも多く，なかなか B のペースで動けないんです」と，申し訳なさそうに言います。また，家庭訪問で玄関先に入った際には，家が散らかっている様子が見受けられました。さらに，汚れている衣服を着て B くんが登校することもありました。

　さて，このようなケースの場合は，どのように考えるとよいでしょうか。B くんがまだ小学生であること，毎週，週のはじめに登校しないこと，衣服が汚れていることなどから，学校のみでの取組みでは，B くんの援助ニーズを満たせない可能性があります。ここで大事になるのが，コア援助チームを中心としながらも，必要に応じて外部の専門家を入れ

ていくという考え方です。特にBくんの家庭生活の支援については，スクールソーシャルワーカー（SSW）に支援を要請する必要があります。

　本節1つめの中学生の事例では，SCとの連携について言及しました。SCは多くの場合，非常勤ですが学校に配置されており，内部のスタッフという考え方ができます。いっぽうSSWは多くの場合，市の教育委員会や教育センターに配置されています。つまり，校外の援助資源です。学校から教育センターに招聘を依頼しなければなりません。

　ここで問題になるのが，だれがどのように子どもの不登校を見立て，外部資源の依頼を決定するかです。学校心理学の援助のコーディネーション（家近・石隈，2003）やマネジメント（山口，2012，2016）の考え方が大事になります。不登校の子どもの支援は教師が1人で行うのではなく，学校組織全体で支援を調整していく必要があります。その際，ほかの不登校の子どもや，支援が必要な子どもの援助との調整も必要です。一部の子どもだけに援助が偏ったり，一部の担当者に大きな負担がかかったりしないようにするためです。その調整をするのが，組織の中の支援委員会や管理職です。引き続き事例で見てみたいと思います。

外部との連携

　Y先生は，Bくんについて学年の先生方に定期的に相談していましたが，5月中旬に，じっくり時間をとり，話し合うことにしました。そして，Bくんの妹が同じ小学校の1年生に在籍していることから，1年生の学年団とも話し合いました。1年生の学年団の話から，Bくんが赤ちゃんのおむつをかえたり，時には食事もつくったりしていることがわかりました。母親が体調を崩していること，父親が出張の多い仕事であることが関係しているようです。

　そこで，4年生の学年主任が生徒指導の先生に経緯を相談し，管理職をまじえた緊急の「支援委員会」を開きました。「支援委員会」で，Bくんの支援には，小学1年生の妹の支援のみならず，こども園や，生まれたばかりの赤ちゃんの支援も含め，家庭全体への支援を検討する必要があることを確認しました。管理職の判断で，まずは，市の教育センターのSSWを招聘してケース会議を開くこと，またこども園からも担当者を呼ぶこと，そして可能なら市の子育て支援の担当者の出席も依頼することを決めました。

このケースからもわかるように，家庭生活での課題を抱えている場合は，管理職の判断を仰ぎ，個人情報の保護にも留意しながら広い視点で支援の幅を広げていく必要があります。「個人情報の保護」についてあえてふれましたが，本来，Bくんの母親が赤ちゃんのケアに苦労されているならば，Bくんの母親が自ら市の子育て支援窓口に相談することが自然の流れです。

さいわい，Y先生と母親との関係が良好だったため，子育て支援の窓口の情報提供も可能かも知れません。また地域の子育てサークルの情報提供や，地域の子育て支援員との顔合わせも有効でしょう。

ただし，こうした支援は，教師の役割を超えたものです。母親の自尊心を傷つけたり，家庭の事情の開示を迫ったりすることにつながるため，あくまでもケースバイケースでの対応になります。

しかし，筆者の限られた学校現場での支援の経験では，こうした場面で母親に上手に話をし，市の子育て窓口に相談できるよう支援している教師を何人も見てきています。チーム学校時代の教師はこうした側面の支援も，役割の1つとして認識していかなければならないのかもしれないと感じています。虐待の対応で，学校がプラットフォームとして期待されている現状をみると（中原・都丸，2016），援助的な役割を担う教師が増えることを願わずにはいられません。

◆引用・参考文献（4章）

〈1節〉

・石隈利紀（1999）『学校心理学—教師・スクールカウンセラー・保護者のチームによる心理教育的援助サービス』　誠信書房，259-313.

〈2節〉

・家近早苗・石隈利紀（2003）「中学校における援助サービスのコーディネーション委員会に関する研究—A中学校の実践をとおして」教育心理学研究　51，230-238.

・水野治久（2014）『子どもと教師のための「チーム援助」の進め方』金子書房

・中原美惠・都丸けい子（2016）「小学校におけるすべての子どもへの包括的な支援に関する一考察—『学校教育相談』のこれからを探る」東洋大学ライフデザイン学研究　11，57-77.

・田村節子・石隈利紀（2003）「教師・保護者・スクールカウンセラーによるコア援助チームの形成と展開—援助者としての保護者に焦点をあてて」教育心理学研究　51，328-338.

・山口豊一（2012）『中学校のマネジメント委員会に関する学校心理学的研究』風間書房

・山口豊一（2016）マネジメント委員会　石隈利紀・大野精一・小野瀬雅人・東原文子・松本真理子・山谷敬三郎・福沢周亮責任編集，日本学校心理学会編『学校心理学ハンドブック第2版　「チーム学校」の充実をめざして』教育出版，164-165.

5章

不登校と
教育カウンセリングの精神

教育カウンセリングを学ぶと，不登校の子どもについて，
これまでと違った見方ができたり，
対応の糸口に気づけたりすることがあります。
本章では，そんな教育カウンセリングの精神を解説します。

1 不登校支援と 教育カウンセリングの精神

1 教育カウンセリングは「ふれあいに始まりふれあいに終わる」

　本書は，教育カウンセリングをベースにしています。

　教育カウンセリングは，筆者らの恩師，國分康孝先生が創始されたものです。先生は数多くの著作を出されていますが，中でも『心とこころのふれあうとき』（黎明書房，1987）と『＜つきあい＞の心理学』（講談社，1982）の2冊に，先生の思想のエッセンスが集約されていると，18歳の頃から40年近く國分先生のもとで学んだ筆者は思っています。いわば國分先生のカウンセリングの原点がここに示されているように思われるのです。

　そのエッセンスは，一言で言うならば，こうです。

　「人間の心のあらゆる問題は，ふれあいの欠如に由来している。したがって，その癒しに不可欠なものは，ふれあいの提供である。ふれあいをリレーションと言う。すなわち教育カウンセリングは，ふれあいに始まりふれあいに終わる。リレーションに始まりリレーションに終わる。

　ふれあいなきところに，不登校もいじめも，学級崩壊も生じるのである。リレーションが欠如しているときにこれらすべての問題は生じるのである。すべての問題の根っこが1つである以上，解決策もただ1つ。ふれあいの提供である。

　教師と生徒，生徒と生徒，カウンセラーとクライエント。立場や役割は異なれど，おおよそカウンセリングと呼ばれるもので真に大切なものはただ1つ。ふれあいによる気づき。ふれあいによる生きる意欲の活性化。これである」

　このいわば，「リレーション一元論」とでもいうべき思想が，國分先生のカウンセリング理論の真髄であると，筆者は思っています。

そしてこのリレーション一元論，ふれあい一元論が最も功を奏するものの1つが，不登校や引きこもりであり，生きる意欲の減退（アパシー）ではないでしょうか。

　心と心のふれあいが生じるとき，不登校の子どもの心に変化が生じはじめます。「もう僕は一生学校に行かないかもしれない，それでもいいや」とあきらめていた子どもの心に火がつきます。「先生がそんなふうに思ってくれているのならば，そして僕の心とこんなふうにふれあってくれるのであれば，学校に行ってみようかな……」と，思いはじめるのです。

　心と心のふれあいが生じるとき，人間の生きる意欲は活性化されます。生きる希望を見失って，「もう死んでしまおうかな」と思っていた人が「もうちょっと生きてみようかな」と思いはじめます。

　生きる意欲をすっかり失ってしまって，「もう一生職につかなくてもいいや」と思っていた人が，「よし，そろそろやりはじめるか」と意欲を復活させはじめるのです。

　心と心のふれあいが生じたときに人間は変化しはじめるのです。

　これが，國分先生と，ロジャーズ，実存主義の思想家たち，ニイル……教育カウンセリングの原点ともいわれるべき，すべての先達に共通する普遍的な真実です。

　心と心のふれあいがなければ，人間の気力はだんだん減退していきます。心と心のふれあいがなければ，人間は軽うつになり，生きる意欲を失っていきます。心と心のふれあいがなければ，人間はすべてに投げやりになっていきます。これはすべての問題行動の背景にあるものです。不登校であれ，いじめであれ，学級崩壊であれ，非行であれ，変わりはありません。

　私たち教師やカウンセラーにできることはただ1つ。生きる意欲を失っている人にふれあいを提供することです。心と心がふれあう瞬間を提供することです。

　心と心のふれあいというかけがえのない体験を提供できるプロフェッ

ショナル。それが，筆者が思うところの教育カウンセラーのアイデンティティです。何度繰り返しても，繰り返しても，まだたりない，教育カウンセリングの基本的な精神です。

　自分のお世話になった恩師の顔を思い浮かべると，みなさん納得されるのではないでしょうか。筆者の場合は國分康孝先生です。

　國分先生と廊下ですれ違ったときに気にかけていただいた一言。國分先生からの年賀状でかけていただいた一言。こうした一言が生きる意欲の源泉になりました。

　「もう教師なんかやめてしまおう」「もうカウンセラーなんかやめてしまおう」「どうせ俺の人生なんか」「私の人生は大した人生じゃない」──そんな思いにとらわれ，投げやりになってしまっているときに，それでもふと「よしもう一回がんばってみよう」という気持ちになったのは，大切なだれかからかけられた一言があったからではないでしょうか。

　國分先生は私たちに実存的なふれあいの瞬間，実存的なリレーションの瞬間を提供してくださいました。それによって何度も何度も生きる意欲をよみがえらせていくことができたのです。自分がだれかからしていただいた実存的なふれあいの瞬間を，こんどは子どもたちに提供していく番だと思います。

　心と心のふれあいを最も必要としているのが，不登校の子どもであり，引きこもりの若者であり，生きる意欲を失っている人であり，非行少年です。彼らに心と心がふれあう瞬間を提供し，生きる意欲を再活性化させていくこと，これが教育カウンセリングの根本精神であり，恩師である國分先生にできる最大の恩返しであると筆者は思っています。

❷ 実存的な選択 ── 自分の人生の主人公たれ

　教育カウンセリングにおいて大事にされているものの1つが，「自分が自分の人生の主人公であること」です。たとえ何人に反対されようとも我が道を行く，すべての人に反対されたとしても，自分は自分の人生

を生きていく，このような実存的な自己決定の重視が，國分先生のカウンセリングの真髄です。

「私は，あなたの期待に応えるためにこの世に生まれてきたのではない。あなたも，私の期待に応えるためにこの世に生まれてきたのではない」

ゲシュタルト療法の創始者パールズが「ゲシュタルトの祈り」で言うように，人間は自分の人生を自分で選んで生きていく必要があります。私たちは，だれかの期待に応えるために生まれてきたわけではないのです。

これは，不登校や引きこもりにおいてもあてはまる人生の真実です。不登校の子どもが「私は学校に行かない人生を選ぶ」と自らの実存をかけて選択しているのであれば，それは尊重されるべきです。引きこもっている若者が「私は世間や社会とかかわらない生き方を選ぶ」と自らの実存をかけて選択しているのであれば，それはやはり尊重されるべきものです。

人間の人生の主人公は自分自身です。この自己決定の重要性は，どんな場面においても変わることはありません。

不登校を選ぶ自由。引きこもっている自由。何もしない自由。生産的でない人生を送る自由。

こういう自由は，すべての人に与えられていて，徹底的に尊重されるべきものです。これが実存主義の精神です。

子どもが本気で実存をかけて不登校であることを選んでいるのであれば，親や教師のために登校する必要はありません。若者が，本気で働かない人生を選んでいるのであれば，親や教師やカウンセラーのために，自分の選択を放棄する必要はありません。だれかのために，自分が自分の人生の主人公であることを放棄すべきではないのです。

このように相手の主体的な選択，実存的な自己決定を尊重しながらも，教師自身，カウンセラー自身，自らの実存をかけてふれあいとふれあいの瞬間を子どもに提供していく。これが教育カウンセリングの精神

です。適応主義とは異なります。この実存主義の精神を忘れたときに、教育カウンセリングは教育カウンセリングではなくなってしまいます。

子どもには不登校を選ぶ権利がある。子どもの人生の主人公はあくまで子ども自身である。不登校の子どもにかかわるときに、このことを忘れないように肝に銘じておきたいものです。

3 つねに「少数派」の味方であれ

教育カウンセリングの基本精神は、「少数派の味方であり続ける」ということでもあります。

不登校の子ども、いじめられている子ども、発達障害の子ども、LGBTの子ども、こういった少数派の子どもたちの視点に徹底的に立ち続けること。これが教育カウンセラーの基本的な心意気です。

こういう場面があります。不登校であった子どもがようやく何とか学校に行きはじめた。けれども教室には入れない。おそるおそる何日か別室に行ってみる。本人にとっては命がけの行為です。

表面的には、子どもは何とか笑顔をつくろっています。このとき、心なき教師たちは、「なんだもう元気じゃないか。だったらさっさと教室に来いよ」と誘ってしまうのです。そして、「教室に入れないやつは、学校に来る必要なんかないんだ」などと心無い一言をつぶやくのです。本当にがっかりします。あくまで多数派の立場にしか立てないのです。

ほかにもこういう場面があります。個別の支援を必要とする発達の偏りがある子どもにも「ルールはルールだ」と通りいっぺんの規則を守らせることしかしない。LGBTの子どもにも「校則だから」と、「男らしい髪型」「女らしい髪型」を強制する。人権を無視した、危険な言動です。

教育カウンセリングを学ぶと、「集団 vs 個」「生徒指導 vs 教育相談」などの対立を乗り越え、少数派の立場に立ち続けることができます。何とか命がけで別室に登校している、そんな子どもの立場に寄り添うことができます。その結果、性急に教室に戻そうとはしなくなります。「いまなら教室に戻れる」「無理なく戻れる」という瞬間が来ることを信じ

てかかわり，ずっと「待つ」ことができるからです。

　「いくらでも待つことができる」。これも教育カウンセリングを学んだ先生方と学んでいない先生方の大きな違いです。

4 待つだけではない，「打って出るカウンセリング」

　教育カウンセリングのもう1つの精神は，「打って出よ」ということです。

　問題解決型のカウンセリングは，いわば事後的なカウンセリングです。不登校という問題が起きてからその子どもにかかわろうとします。

　教育カウンセリングは，問題解決よりも予防を得意とします。子どもが不登校になった後の対応ももちろん重要ですが，不登校になる前に，不登校の子どもが出ないようにするために事前に手を打つのです。

　エンカウンターを行ったり，社会性育成のプログラムを行ったりして，人間関係の力を身につけさせる，そのことによって不登校にならないで済むような力を普段から育成していきます。

　人間関係が希薄になりがちな時期（新学期開始後，ゴールデンウィーク／夏休み／冬休み明けなど）に，こまめにエンカウンターのショートエクササイズなどを行っていきます。それにより不登校を未然防止するのです。

　この予防的対応が，教育カウンセリングの大きな特徴です。「待つだけのカウンセリング」ではなくて「こちらから打って出るカウンセリング」——これが教育カウンセリングの基本精神です。

　そのために，子どもの発達段階やニーズに応じた社会性育成のプログラムなどを念入りに組んで，年間指導計画を立てながら学級経営を展開していくことができるとベストです。

2 スクールカウンセラー（SC）の立場から

　スクールカウンセラー（SC）は不登校の子どもや保護者に個別面接を行って支援するイメージが定着しています。けれどもこれからのSCは個別のカウンセリングだけでなく，チーム学校の一員として，学級担任と連携して不登校の未然防止，早期発見，早期対応を進めることが大切です。

1 居場所となる学級づくりを進める

　筆者は教師時代，不登校の原因を子どもや家庭に求めていたように思います。教師からSCになったことで，学級が居場所と感じられないために登校エネルギーの低下している子どもが多くいることに気づきました。そして，学級づくりが不登校予防や学校復帰のポイントであると思うようになりました。

　不登校対策は個別対応だけでは不十分です。「楽しい学校生活を送るためのアンケート Q-U」（河村茂雄著，図書文化）などを活用して，子どもの学級生活の満足感や意欲などをアセスメントし，学級づくりの見直しに取り組みましょう（7章2節参照）。一見落ち着いた学級に見えても，承認感が低かったり，非侵害感が高かったりする子どもがいます。

　これまで学級づくりは不登校の予防に有効であるといわれてきました。けれども，居場所となる学級づくりを進めることは，不登校の予防だけでなく，再登校のキーポイントになります。これからは，不登校の解決のためにも，学級づくりに目を向けるようにしたいです。

2 子どもの不適応感を解消する

　人との接し方に偏りがあるために友達とうまくかかわることができず

不登校になってしまう子どもがいます。性格，本人の自覚，親のしつけなどと分析対応するだけでなく，子どもの気持ちに寄り添うことが大事です。本が好き，いつも静か，友達と遊ばない子どもなのだと決めつけて対応が手遅れになることがあってはなりません。

ケース会議では子どもの訴えや家庭状況，学校生活の様子を話し合うだけでなく，「周りから認めてもらえない，困っていることをわかってもらえない」など，子どもの不適応感に注目します。1対1の面接は保護者対応には効果がありますが，子どもが抱いた学級生活の不適応感を解消することはできません。

3 学級づくりをコンサルテーションする

登校しぶりが始まった初期段階から個別対応と学級集団対応を始め，子どもの心のケアだけでなく，学級集団の改善に取り組むことが大切です。SC がチーム学校の一員として，学級担任の学級づくりや人間関係づくりを支援するスキルとノウハウを身につけ，子どもの不適応感を解消する取組みを支えることが求められています。

SC が学級担任の学級づくりをコンサルテーションして，学級が子どもの安心の場，心の居場所になるようにサポートします。そのために人とのかかわり方のコツを学べるエクササイズを活用するなど，行動レベルの具体的なコツを学習できる機会を子どもに提供することが大切です。ぜひ，拙著『10分でできる　なかよしスキルタイム35』（図書文化）をご参照ください。

保護者への対応では，授業や活動の中で子どもの得意なところを認め，苦手なところをどのように援助するかを話し合います。子どもの学校生活の改善に取り組む姿勢を示すことで信頼が高まり，家庭との連携がスムーズに進みます。

これからの不登校対応は，学級づくりや授業づくりのアドバイスができる SC が力を発揮するのです。

3 スクールソーシャルワーカー (SSW) の立場から

1 一緒に歩くスタンスで，子どもの気持ちを受けとめる

　筆者は，かつては教師として，現在はスクールソーシャルワーカー (SSW) として，子どもの支援をしています。教師時代，やっと登校できた子どもに「少しでも学校とつながってほしい」と，無意識に先を急ぐ指導の思いを根底にかかわっていたのではないか，目の前の子どもの気持ちに寄り添えていなかったのではないか，と反省しています。「だれもいない時間なら SSW と一緒に登校できるかも」と小さな光を頼りに登校したり，「ここにいることさえも実は苦しい」と心を揺らしたりしながら，精一杯動き出そうとする子どもに出会えたいまは，その歩み，息遣いの違いを強く感じて，目の前の子どもと「一緒に歩くスタンス」を心がけています。「いまこの子はどんな息遣いをしているか」と共に寄り添う，『始めにペーシングあり』の大切さに気づいたのです。

2 動く主体は子ども，見守って待つ大人の姿勢が支えになる

　週1回の家庭訪問を1年半ほど続け，共に別室登校できるようになった子どもが，母親に「SSW（筆者）が学校のように見えると伝えてほしい」と言ったのを聞き，自分のかかわりがその子を追い詰めていたと気づいたことがあります。その子は，自分のために筆者が家庭訪問を続けているとわかっているだけに「応えられなくてつらい」と，ぎりぎりの本音を話してくれたのです。次の面談で，話してくれたことへの感謝を伝え，今後は「見守って待つこと」に努めると謝ると，その子は，「自分が決め，自分の速さで動きたい」という願いも話してくれました。現在は，後の「社会的自立」につながると信じ，「見守って待つ」姿勢を軸にしたかかわりに努めています。

3　心の奥の不安に寄り添う —— 不安は思考さえも狭めてしまう

　家庭訪問などを繰り返し，やっと週1回，筆者と一緒なら放課後登校できるようになった6年生の子どもがいました。本人と相談しながら，段階的にかかわる相手や活動の範囲，内容を工夫してきた3回目の登校で，本人とSSW，学級担任，養護教諭でゲームをしたときのことです。

　最初，ゲームに使うお札を配る係のその子は，「5千円札を何枚配ったら2万円になる？」との問いに答えられませんでした。簡単な問題が解けないことを心配しましたが，1時間ほどゲームを楽しんだ後は，銀行係として手際よくお金の計算や紙幣配付をし，笑顔で自分の思いを話せるようになっていました。最初は不安がいっぱいで簡単な計算さえもできなかったのです。

　「不安は思考さえ狭めてしまうのだ」と気づかされました。目の前の子どもがどんな気持ちでいるか，心の窓を開くことはむずかしい，だからこそ，少しでも不安が少ないかかわり・環境づくりが大事だと考えます。殻から角を出し歩み出すかたつむりのように，子どもが動き出したくなるかかわりを心がけたいものです。

4　定期5分間ケース会議の勧め

　不登校の子どもが急に「動き出すタイミング」があります。例えば，「新しい学年ではがんばりたい」という気持ちを抱き，登校に挑む子どもは，不安ながらも覚悟を決めて「自分」をつくってやって来ます。この大切な「動き出すタイミング」にどうかかわるかが，再登校につながるポイントです。子どもの動きに合わせた支援を準備するためには，定期的に「子どもの変化」とそのかかわりを確認する場をもつことが役立ちます。学校現場は多忙でなかなか時間が取れないのが現状です。だからこそ，せめて週1回の「5分間ケース会議」を決め，情報交換を定期的に行うことをお勧めしたいのです。筆者がSSWとして勤務する学校で実施されていて，ケース会議をきっかけに，ほかの場でも，かかわる者同士が連絡を取り合い，支え合うことにもつながっています。

◆引用・参考文献（5章）

〈1節〉
・國分康孝（1987）『心とこころのふれあうとき』黎明書房
・國分康孝（1982）『＜つきあい＞の心理学』講談社
〈2節〉
・國分康孝・國分久子監修，水上和夫（2013）『10分でできる なかよしスキルタイム35』図書文化
〈3節〉
・犬塚文雄（2020）名古屋学院大学教職センターFD研修会資料

6章

カウンセリングの理論を
生かした不登校の理解と支援

カウンセリングの理論は，
不登校の理解と支援に役立てることができます。
本章では，6つの理論をもとに，学級担任がすぐに取り組め，
効果の出やすいアプローチを紹介していきます。

1 自己理論（来談者中心療法）によるアプローチ

1 自己理論とは何か

　ロジャーズ（1902～1987）によって展開された来談者中心療法のパーソナリティ理論が，自己理論です。子どもたちが不登校の体験を通して大切なことに気づき，自己成長を支援するために役立ちます。

自己知覚

　例えば，「僕は，何でも1人でできる」という自己イメージをもつ子どもは，人に頼らず1人で行動します。また，「学校は怖い場所だ」と捉えている子どもは，登校前は気が重く欠席することもあるでしょう。このように，自己知覚と行動は深くかかわっており，「自己知覚が変わると行動も変わる」と自己理論では考えます。

自己受容

　子どもが「僕は，何でも1人でできる」という自己知覚を強固にもち続けた結果，悩みを抱えても助けを求められず，解決できない自分も受け入れられず，学校に行けなくなることがあります。しかし，「だれかに助けてほしい」気持ちもあることを自分で認めることができると，教師や友達に相談することが可能になります。つまり，あるがままの自分を自己受容することは，自己知覚や行動の変化につながるのです。

自己受容と変容を促す無条件の肯定的配慮

　自己受容と変容を促すためには，聞き手が，評価せず，脅威を与えず，話し手のどんな気持ちをも大切に認め受けとめていく態度（無条件の肯定的配慮）が必要であるとロジャーズは言います。つまり，教師が子どもと安心できる関係を築くことで，子どもは自分と向き合い，自己受容し，ひいては自己成長することが可能になるのです。

2　自己理論を不登校支援に生かす

■ 傾聴——安心できる関係づくり

　不登校の子どもの心は，「友達に会いたくない」「ダメな自分」「親に申し訳ない」などと混沌としています。心が多弁なときほど言葉にすることはむずかしく，教師に語られるのは子どもの気持ちの一部分でしかありません。そのため，子どもが少しずつ気持ちを言葉にできるように，安心できる関係を築くことが大切です。教師は子どもの気持ちを理解することを大切に，子どものペースに合わせながら，子どもの声と心に耳を傾けましょう。子どもの視点に立って感じてみること，共感しながらもわかったつもりにならず理解しようとすることが大切です（共感的理解）。このような関係性の中で安心できたとき，子どもは，初めて自分の気持ちを語り始めます。そして，自分を語ることで，自己理解し，自己受容することが可能になるのです。聞き手である教師自身も，子どもの心に寄り添うときには自分の気持ちを整え，真に心で感じ，向き合う態度（自己一致）を心がけたいものです。

■ 伝え返し——自己受容を支えるために

　子どもの話を聴くときには，①アイ・コンタクト（優しいまなざしで目を合わせる）と，②うなずき・あいづちを用いて受容的に聴きます。

　また，子どもが自分の気持ちをうまく言葉にできないながらも，言葉を選び伝えてくれたときには，「伝え返し（リフレクション）」をしましょう。子どもが使った言葉を繰り返すことで，共感的に，子どもの内側に響かせるように言葉と感情を返します。例えば，子どもが「朝になると，心が苦しくて仕方がない」と語ったら，教師はそこに子どもの気持ちを感じ取りながら，「……朝になると，心が苦しくて仕方がない……」などと，ていねいに気持ちを確認するように応答します。伝え返しにより，子どもは自分自身を実感したり，気持ちを受容したり，よりぴったりな言葉を見つけたり，大切なことに気づいたりすることが可能になります。

　安心できる関係は，教師と子どもの関係性だけでなく，「子ども」と「子どもの気持ち」の関係においても重要です。子どもが自分の気持ちと安心してつき合えていると，他者とも安心した関係づくりが可能になります。そのことが学校や教室という場に身をおいても安心して過ごせることにつながります。

　「安全」と「安心」は異なります。学校や家庭が子どもにとって「安全」な場所であったとしても，「安心」できる場所にはなっていないことがあります。自信を失い自分を責めている不登校の子どもは，家で体は休めていても，心は休めていないことが多いものです。そのため，子どもが家や学校で心を休ませ「安心して過ごせること」「自分の心と安心したつき合い方ができること」をサポートすることが大切です。

▨「どうしたら安心できるだろう？」を子どもから教えてもらう

　不登校の子どもとかかわるときには，前述したように安心できる場所と関係をつくることを心がけ，子どもの言葉を傾聴していきます。無理に聞き出すこと，アドバイスをすることはせず，関係づくりに時間をかけて過ごせるとよいでしょう。

　そのような中で，筆者はよく「いま，心は休めているかな？」と子どもに確認します。不登校の子どもの多くは心が疲弊しています。そのため，「いま，大切なことは，心を休ませて心のエネルギーを補充すること」「どうしたら心が休まるだろう？」と子どもと一緒に考えるのです。

　ある不登校の子どもは，「ううん，休めていない。『明日は学校に行くのよね』と家族に聞かれる。でも，朝になるとやっぱり学校には行けない」と語ってくれました。筆者が「どうしたら，心を休めることができるだろう？」と聞くと，「教室には行きたくないけど，友達に会わない場所に行くなら，いまよりは心が休めるかもしれない」と教えてくれました。そこで，時間差で登校し，仕切りをつくって保健室の奥のスペースで過ごしてもらうようにすると，進級と同時に教室に復帰することができました。また別の子どもは，「自分が強くなったら安心できるよう

な気がする」と教えてくれました。そこで，家族と相談して近所の空手道場に行くようになり，夏休み明けから登校することができました。

　「どうしたら心が休まるか」がすぐに見つからない場合もありますが，そのようなときはゆっくり一緒に考えていきます。子どもに必要なことは，子ども自身が知っています。寄り添いながら待ちましょう。

　安心できたとき，子どもは語り始めます。そして，つながりを実感できたときに動き始めます。その子どものプロセスを信頼しながら受容的に見守り，支援することが大切です。

安心できる表現方法を一緒に見つける

　自分の気持ちとつき合ううえで，「自分の気持ちがよくわからない」「何も考えられない」と語る子どももいます。このような子どもたちは，長い間「しなければならないこと」に追われ，「いま起きている現実」に心が押しつぶされて，自分という主体を見失ってしまっているかもしれません。子どもが安心を得て，「これが私」という実感を取り戻せるよう，安心して自己表現できる方法を見つけるかかわりも大切です。

　絵・詩・音楽・ダンス・スポーツなどの趣味をもった子どもは，それもよい方法です。こうした表現方法をもっていない子どもには，自己表現を助けるワークシート[注1]を用いることも有効です。自分の「好きなこと」「宝物」「気持ち」「将来の夢」など，テーマが定まったワークシートに書きたいように書いてもらいます。紙に書いて自己表現する（外在化する）ことで，子どもが自分自身を実感でき，思いや考えが明確になることがあります。こうして自己理解が進むことによって自己受容や自己肯定がしやすくなるのです。さらに，自己表現したワークシートを，教師と一緒に眺め，子どもに感想などを語ってもらうこともできます。教師はしっかり傾聴しながら受容し，プラスのメッセージを伝えることができると，さらによいでしょう。

注1　次の2つの書籍が参考になります。
①大竹直子・諸富祥彦監修（2005）『とじ込み式自己表現ワークシート』図書文化
②大竹直子（2008）『とじ込み式自己表現ワークシート2』図書文化

2 行動理論（行動療法，応用行動分析）によるアプローチ

1 行動理論とは何か

　行動理論では，すべての行動は学習の結果であり，学習によって行動は変えることができると考えます。また，行動を個人と環境の相互作用として捉え，行動に関係する要因をその個人の内的環境および外的環境の中に明らかにしようとします。

　具体的アプローチでは，行動によって個人が環境とどのようなかかわり方をしているかを検討し，かかわり方に関係している要因を明らかにします。そして，これらの要因のいくつかを変えることによって，そのかかわり方をよい方向へと変えようと援助します。

行動の機能

　すべての行動には「機能」（目的）があると捉えます。行動理論では，行動の機能として，おもに「注意喚起」「要求」「逃避」「自己刺激」などがあると考えます。何のためにその行動をとっているのかを調べることを機能分析といいます。機能は1つとは限りません。1つの行動が複数の機能をあわせもつことや，同じ行動でも，時と場合によって変化することがあります。

ABC分析

　行動理論では，行動は行動そのものが単独で生じることはなく，必ずその行動を生じさせる「原因（先行条件)」（A）があると考えます。ただし，原因は1つとは限りません。そして，その「行動」（B）を起こしたことによって，得られる何らかの「結果」（C）があると考えます。このように先行条件（A）→行動（B）→結果（C）の流れで捉える方法をABC分析といいます。例えば，「いじめられた」（A）→「学校を休んだ」（B）→「いじめられずに済んだ」（C）となります。

2 行動理論を不登校支援に生かす

　多くの場合，私たちは，望ましい行動を増やすために，褒めたり，叱ったりしますが，その行動を生じさせる先行条件（A）に着目することはあまりありません。行動理論では，先行条件（A）を整えること，結果（C）を変えてみること，新たな行動（B）を学ぶことの可能性を考えます。これは不登校支援にも役立ちます。それぞれについて，以下で詳しくみてみましょう。

▨ 先行条件（A）を整えることで望ましい行動を増やす

　先行条件（A）を整えることは，最も簡単で効果が大きいアプローチです。環境を変えるだけなので，本人も周りの教師・保護者も，行動を変えることの負荷が少なくて済みます。人間は本人が思っている以上に環境の影響を強く受けており，環境を整えるだけで行動が変わるエビデンス（根拠）は数多く報告されています。先行条件（環境）には，物理的環境（人・場所），時間的環境（時間設定）などがあり，何が行動に影響しているのかを子どもの視点で明らかにする必要があります。

▨ 結果（C）を変えることで望ましい行動を増やす

　強化という方法を用いて，望ましい行動を増やします。その原理はとてもシンプルで，結果（C）が，①その行動をとることでよいことが起こる，②その行動をとることで悪いことが起こらない，という2種類になるよう工夫します。「こういうふうに行動するとうまくいく」のように，子どもにコツを増やすことを考えることがポイントとなります。

▨ 新たな行動（B）を教えることで望ましい行動を増やす

　行動は習慣と捉えることができます。習慣になっていない行動は，なかなか生じることがありません。そして，登校もさまざまな行動（習慣）から形成されています。どの行動で子どもがつまずいているのかを分析し，学習により実行可能な行動をターゲットに定めます。そうして，より望ましい行動が増え，結果として，望ましくない行動をとる機会が減るようにスモールステップでアプローチしていきます。

3 行動理論を使った不登校へのアプローチ

　思い出してみてください。小学校に入学したころ，ほとんどの子ども
は元気に登校していたはずです。それが不登校になってしまうのは，学
校を休むという行動を定着させる，何らかの経験（学び）があったため
と考えられます。

　行動理論では，不登校という行動を無理やり変えさせるのではなく，
まして叱るのでもなく，ABC 分析をもとに，冷静に観察・記録し，分
析します。そして，登校しない，登校できないことの原因に対して，何
ができるかを考えます。子どもはなかなかその原因を話してはくれませ
んから，周りの教師・大人がその原因に気づく必要があります。

原因を排除する

　寝不足である，親子不和，体調がよくない，友達とけんかした，教師
に叱責された，勉強がわからないなど，大小さまざまなきっかけが不登
校につながることがあります。原因が特定でき，それが排除可能な場合
は，環境調整を行うことが有効な支援になります。考えられるものを可
能な限りリストアップし，そしてそれぞれの原因に対して，日常的にで
きる配慮と支援を考えることが大切です。そのためには，保護者はもち
ろん，ほかの教師からの情報提供が必要となります。

褒める（強化する）

　多くの場合，保護者は無理にでも学校に行かせようと，「叱る」など
の対応をします。しかし，その対応で子どもの行動は変わったでしょう
か。そうでないなら，その対応は逆効果ということになります。いっぽ
う，学校には行かなくても，朝起きられたことを褒めたら，次の日から
自分で起きるようになったという場合，その対応は効果があったといえ
ます。「本当は学校に行きたい，でも行けない」と，苦しんでいる子ど
もの思いに考えを巡らせ，「叱る」のではなく，子どもがその時点で
とっている行動のよい面に目を向けて「褒める」など，強化になりそう
な結果（対応）に変えてみましょう。強化には，即時性，明示性，多様
性，間欠性が求められます。つまり，子どもの行動のすぐ後に，特定の

行動に対するリアクションだとはっきりわかるように，ワンパターンではなくバリエーションをもって，適切な間隔で強化することが大切です。

🔲 生活リズムを整える

　行動の習慣は，私たちが思っている以上に，日常生活に大きな影響を与えています。夏休みの後，不登校になるケースが多いのも「毎晩何時までには寝るようにして，毎朝決まった時間に起きる」といった，一連の行動が崩れてしまったことが理由の1つとして考えられます。このような場合，生活リズムを整え，学校へ行くという行動の習慣をあらためてつくる必要があります。

🔲 スモールステップでできることを増やす

　登校するための一連の行動を課題分析し，それぞれのステップ（例えば，カバンの用意や目覚ましのセットなど）のどこでつまずいているのかを明らかにします。そして，ターゲット行動を1つに決め，スモールステップでアプローチします。1つ1つ成功体験を積むことで子どもの自己肯定感を高め，次の取組みへの意欲につなげます。

　ターゲット行動を決めるポイントは，教師・保護者にとって実行可能であること，子どもにとって負担が少ないこと，そして，何よりも子どもの自己肯定感が高まることです。1〜2週間，ターゲット行動が子どもに起きるように対応を試みながら，できるだけ具体的に記録を取り続けます。うまくターゲット行動が生じないときは先行条件も含めて対応を見直します。つまり記録から効果があったか（なかったか）を判定し，なぜ効果があったか（なかったか），その意味を考え，振り返る，このようなサイクルを繰り返していきます。

🔲 学びの習慣を身につける

　たとえ学校に行かなくとも，学ぶことの喜びを味わったり，学びの習慣を身につけたりすることはできるはずです。子どもの学びを支えることは，登校を再開するハードルを下げることにつながるだけでなく，子どもの将来を保障するアプローチになると考えます。

3 精神分析によるアプローチ

1 精神分析とは何か

　精神分析は，オーストリアの精神科医フロイト（1856～1939）が創始した，人間心理の理論と治療技法の体系です。

■ フロイトのパーソナリティ論

　フロイトは，エス（イド）・自我・超自我という3つの心の働きのバランスによって，パーソナリティ（性格）が決まると考えました。

　エスとは人間の本能的な欲求で，生きるエネルギーです。エスは快を求め，不快を避けます（快感原則）。過度の放任や甘やかしは，子どものエスを強くし，わがまま，怠け，非行などの行動にもつながります。

　超自我は，大人からのしつけが子どもの心の中に定着（内在化）したもので，道徳原則に従い，エスに対して禁止命令をします。適度なしつけによって超自我がはぐくまれると，道徳性や社会性・責任感・勤勉性などが発揮されます。しかし，超自我が強すぎると，極端な完璧主義や理想主義になり，達成できないために息切れしてしまいます。

　エスと超自我の調整をするのが自我（エゴ）です。自我は，さまざまな人の考え方や行動にふれ，体験を積み重ねていくなかで育っていきます。自我は，現実原則に従い，現実判断力や合理性，柔軟性にもつながります。ほかに，過度の不安や葛藤から自分の心を守るための働きである防衛機制も，パーソナリティを特徴づけると考えました。

■ 精神分析の治療メカニズム

　症状や問題行動は，無意識に抑圧された欲求や感情が形を変えて表れたものであると捉えられます。治療者は患者が語る言葉や様子から，無意識に抑圧されている葛藤や感情・欲求・空想などを，分析と解釈によって意識化させます。すると，カタルシス（浄化）や洞察（患者自身

が無意識に気づくこと）が起こり，症状や問題行動は軽減することが事例とともに示されています。また，患者は，過去の家族関係と同じ対人関係や感情，行動パターンを繰り返します（転移）。しかし，治療者との間で過去とは違う関係を体験すること（修正感情体験）で，症状や問題行動も変わっていくとされています。

2 精神分析を不登校支援に生かす

　不登校の子どものパーソナリティを，エス優位・自我優位・超自我優位のどのタイプか分析することで，それぞれに合った支援を考えます。

　エス優位であれば，快を求め不快を避ける快感原則に従って不登校になっている可能性があるので，自我や超自我を育てる支援が必要です。

　自我優位であれば，学校に行く意味を感じられない，行かなくても生きていけると考えている可能性があるので，エスや超自我を育てる支援が必要です。

　超自我優位であれば，完璧主義や理想主義が強すぎ，完璧・理想的にはいかない現実を受け入れることができずに不登校になっている可能性があるので，エスや自我を育てる支援が必要です。

　保護者が不登校になった子どもに対するかかわり方に困惑しているときにも，バランスよくエス・自我・超自我が育つようなかかわりという視点を取り入れて，考えてみるとよいでしょう。

　また，不登校の子どもの行動を，不安や葛藤から無意識に自分の心を守るための「防衛機制」であると考えると理解しやすくなることがあります。不安を起こす出来事からほかのものや場所に逃げる「逃避」，意識すると不安を伴う感情や記憶などを無意識化する「抑圧」，不安を伴う自分の行為や感情に理屈やいいわけをつける「合理化」，欲求を子ども返りして満たそうとする「退行」，うれしいのに素っ気ない態度をとるなど本来の感情と反対の行動をとる「反動形成」，怒りなどの不安を伴う感情をほかの対象に向ける「置き換え」，自分の欲求や感情を相手がそう思っていると受け取る「投影」などが子どもによくみられます。

解釈

　解釈とは，相手が無意識に行っている「行動のパターン」「行動の意味」「行動の原因」を分析して伝えることです。自分が気づかずに繰り返している行動のパターンや意味・原因が意識化されることで，自己理解が深まる（洞察）とともに，自己コントロールがしやすくなり，よりよい行動，いままでとは違う行動を選択することができるようになります。また，自分が気づかなかった自分自身のことに気づき，深い理解を示してくれた教師に対して，信頼感や安心感を強め，ともに自分を見つめ受け入れていく勇気を得ることができるでしょう。

　解釈は，相手の心の深い部分，ときには心の傷口にふれることもあるので，解釈の前には，子どもと積極的にコミュニケーションを取りましょう。良し悪しの評価はせずに話を傾聴して，いままでの生活史や人間関係を含めた情報を集め，「行動のパターン」「行動の意味」「行動の原因」の仮説を立てることが必要です。

　解釈をするときには，無意識の浅いレベルから徐々に深いレベルへと段階的に行います。解釈は，相手の心に踏み込み，閉まっている扉を開けていくようなことですから，相手が受け入れられるペースで，受け入れられる扉から開けていかないと，混乱してしまうでしょう。

　例えば，「○○の話になると"べつに"とか"普通"と言うことが多いね」「××の話が繰り返されているね」など，「いま，ここで」の話の中で繰り返し起こっている「行動パターン」から解釈をしていくと，相手も納得しやすいでしょう。相手の反応を見ながら，受け入れられているようであれば，「行動の意味」の解釈に進みます。「○○のことは，先生に話してもどうにもならないと思っているのかな」「××の話をしても，少しもすっきりしないから，繰り返しているのかな」などです。「行動の意味」に相手が納得した様子があれば，「行動の原因」の解釈に進みます。「人に話してもどうにもならないと思うようになったのはいつごろから？」「人に話してもすっきりしない感じはいつから？」と聞

いていくと，「昔，友達のことで親に相談したけど，あなたが悪いみた
いに言われて」「小さいころから，自分の気持ちをわかってもらえた感
じがしない」など，幼少期の外傷体験や繰り返されている対人関係のパ
ターンに行き着きます。

▨ 修正感情体験

　解釈を通じて子どもが傷つきを感じている対人関係の起源がわかった
ら，「そのときつらかったから，いまも同じように感じてしまうんだね」
と過去と現在の状況のつながりを解釈して意識化を促しつつ，過去とは
違う関係を「いま，ここで」築いていきます。例えば，「あなたは悪く
ない」「あなたの気持ちをわかりたいと思っている」というメッセージ
を伝え，違う対人関係のパターンもあることを体験させます。

　具体的な解釈がむずかしいような場合は，■1で述べたエス・自我・
超自我の中で，幼少期からの家庭環境の中で十分に育っていない心の働
きを分析し，育つようなかかわりを教師が意識的に行っていきます。放
任や甘やかしで，超自我が育っていない子どもには，親しみや関心を示
しながらも，すべきこと（起床や就寝，食事や勉強の時間，学校関係者
とのコミュニケーションなど）を具体的で達成可能性の高い目標や約束
として定めます。それにスモールステップで取り組み，できたら達成を
喜び褒め，できなかったら達成できそうな目標に変えていくことで，
「～すべし」という超自我を内在化させていきます。反対に，厳しい養
育環境でエスが萎縮している子どもには，好きなことや楽しいと感じる
場面を明らかにすることから始めます。その子どもにとっての快を共有
し，コミュニケーションや学習，学校生活に取り入れていくことでエス
を伸ばしていきます。過保護や過干渉，放任により，自我が育っていな
い子どもには，選択肢を複数提示し，ともに現実検討しながら，自己選
択していく経験を積ませるかかわりが，自我を育てていきます。

　精神分析では，幼少期からの養育環境や外傷体験が，無意識のうちに
現在の問題行動に影響しており，過去の不適切・不十分な関係を現在の
関係で補い修正していくことで，改善していくと考えられています。

4 論理療法によるアプローチ

1 論理療法とは何か

　論理療法は，エリスが創始した認知行動療法の1つです。自分の生活や生き方を苦しめる，不健康で自滅的な信念（イラショナルビリーフ）と，その信念から生じる感情や行動を，健康で自助的なものへと自分の力で変えられるように働きかけるものです。

　論理療法もほかの認知行動療法と同様，感情や行動は，出来事や他者の言動そのものによって生じるのではなく，出来事や言動を自分がどのように捉えるかという信念によって生み出されると考えます。つまり，不健康な感情と行動は，不健康な信念から生じると考えるわけです。多くの場合，この不健康な信念は，「短気」や「心配性」など，性格や行動パターンとして自覚されています。

　論理療法は不健康な信念を変えるためのアプローチとして，構造化されたステップ（p.97参照）を提供しています。日常生活の中で，このステップを用いて自身の信念を見直すことで，最終的に「自分が自分自身の援助者」になることをめざすのです。

　論理療法がめざす健康な人格は，過剰な心理的苦痛を伴わず，毎日の生活や生き方を楽しみ（enjoy），つらく苦しいときにも生き抜く力（survival）をもっています。さらに，柔軟な思考や行動，欲求不満への高い忍耐力，科学的思考など，13種類の健康な条件を達成できるように努めることを大切にしています（菅沼，2004）。

　このように，論理療法は不登校の解決だけでなく，学校復帰後の現実的で健康な生き方を支援し，将来同じような課題に直面した際に使えるスキルとして定着するように援助するところまで役立てることができます。

論理療法を理解して，不登校の予防と対応に役立てるためのコツは，認知行動モデル，心理教育，心理的健康観の3つで捉えることができます。

▨ 不登校に潜む不健康な感情と信念を整理する（認知行動モデル）

論理療法は，感情を混乱させる信念を変える手段をできるだけ速やかに身につけるように援助します。不登校の子どもの支援でも，不健康で自滅的な行動（家から一歩も出ないなど）の改善に取り組む前に，それに伴う不健康な感情（落ち込みや不安，罪悪感など）を健康な感情に変化させることが重要と考えます。このような場合に論理療法を使って，子どもが信念や思考の内容を整理できるよう援助します。

具体的には，「あなたと同じように学校に行けない友達は，全員落ち込んだり罪悪感をもったりしていると思いますか」「そうでないのはどのように考えているからだと思いますか」と，自分の問題を他人の立場におきかえて考えてもらうことなどです。

▨ 構造化されたステップで介入する（心理教育）

混乱した感情と信念を整理できたら，構造化されている標準的な13のステップにそって，子どもが論理療法の理論を身につけ，日常生活の中で実践できるように介入を試みます（ステップについては菅沼，2004を参照ください）。ステップが構造化されているため，学習と実践が行いやすく，初学者でも効果が期待できます。子どもに信念，感情，行動を変える新しい方法を熱心に伝え，自分をコントロールして望む自己実現を得られるように力を合わせて協働作業を行います。

▨ 不完全な自他の価値を受容する（心理的健康観）

過度な期待「～ねばならない(must)」「～すべき(should)」を自分や他人に抱いたり，日常生活に強要したりすると，不健康な感情（苦痛など）が生まれます。例えば，「テストでは満点を取らなければならない」という信念をもっている子どもは，テストの前に不安が高まったり，お腹が痛くなったりするでしょう。論理療法は不完全な自他の価値を受容

し，すべてに完璧を要求しないことを勧めます。その代わりとなる健康な願望をもつことは，自己実現に向けての原動力になるのです。

3 論理療法を使った不登校へのアプローチ

◢ 学級全体への論理感情教育（REE）

　子どもを対象にした論理療法の心理教育プログラム（論理感情教育；REE）が開発されています。論理感情教育はピアジェの認知発達とも関連があり，子どもの年齢と発達に留意し柔軟に適用する必要があります。大人と同じアプローチができない場合は，映像やアニメ，歌など，感情や行動に働きかける技法を併せて活用します。

　なかでも，円滑な人間関係やコミュニケーションスキルの向上を目的としたアサーション・トレーニング（9章3節参照）は論理感情教育の1つで，教育現場で広く知られています。ほかにも，不健康な感情や行動をつくり出す認知行動モデルの理解，心理的健康観や論理療法を集団で実施する論理感情イメージ法がプログラムに盛り込まれています。

◢ 論理療法による個別支援

　論理療法は子どもへの面接だけでなく，不登校の親子面接や保護者面接にも役立ちます。教師は子どもとの関係性を高めながら，不登校の状態について，認知行動モデルを用いて保護者と一緒にアセスメントします。保護者の信念は，言動を通して子どもに影響を与えやすいため，子どもだけではなく保護者への支援も重要な取組みになります。

　保護者は子どもの感情や行動を変えたいと望む傾向があり，そのために不安や怒り，罪悪感などを強く抱えていることが多くあります。論理療法を用いた面接では親子関係の相互作用を，認知行動モデルで示すことができます。例えば，学校に行けない場面と行動（出来事）で，親子はどのような気持ちになるか（感情），そのときに頭の中に浮かんでくる言葉（信念）を整理しましょう。小学生にモデルを説明することがむずかしい場合には言葉だけでなく，理解に応じて図やイラストを用いることで問題の原因（出来事と感情，信念の関係）や状況をわかりやすく

共有できます。

　感情や信念は1つとは限りません。落ち込みや不安といった感情には，それぞれの感情に対応する信念がそれぞれにあります。「同級生はみんな学校に行っている，学校へ行くのがあたりまえだ。それなのに自分（の子ども）だけ登校できずに情けない」「登校しなければ授業に遅れてしまう。だから不安」など，不登校の子ども本人や保護者がもちやすい不健康な信念があります。

　不健康な信念へ介入する際，「その考えはおかしい」と信念を否定するのではなく，「別の考え方はないか」と健康な信念の発見を促すことが重要です。

　論理療法を用いた個別支援では，こうした介入で子どもと保護者が自分自身と家族の感情に注意深くなること，感情について親子でコミュニケーションをとること，保護者自身が感情マネジメントのお手本となることをめざし，親子で問題に対応できるよう支援します。

　そして，現在直面している不登校の解決だけではなく，将来の不登校再発予防，再び子どもの感情や行動に課題が生じたときに自分自身で対処できるスキルを身につけることが論理療法の目標になります。

🎐不登校の予防と対応をする教師自身への支援

　論理療法はセルフヘルプであり，教師自身にも活用してほしいです。学級経営や生徒指導など，多くの仕事で多忙な日々を過ごしている教師は心身に不調をきたしやすく，自信を失ったり，周囲の評価を気にしたりするなど，落ち込みや不安を抱えています。

　また，教師は職業柄，理想の生徒像や教師像，人間育成，自己犠牲の精神など，完璧主義で強迫的な信念をもつ傾向があります。教師としての適度な道徳観をもつことは必要ですが，絶対的で独断的なものになっている場合は不健康な信念であり，メンタルヘルスや仕事に影響していないか確認してほしいです。教師自身が健康な信念と感情をもつことは，子どものお手本となり，不登校の効果的な予防と対応にもつながります。

5 ブリーフセラピーによる アプローチ

1 ブリーフセラピーとは何か

　文字通りブリーフ（短期）のセラピー（療法）です。伝統的な心理療法と比較し，短期間の，少ない面接回数で（結果として）終結する，効率的・効果的セラピーです。源流の1つであるメンタル・リサーチ・インスティテュート（MRI）でのアプローチに大きな影響を与えたことで有名なのが，グレゴリー・ベイトソンとミルトン・エリクソンの2人です。MRIのブリーフセラピー・センターでのアプローチに影響を強く受けて，ミラン・システミック・アプローチやソリューション・フォーカスト・アプローチ（SFA）などが生まれました。特に，SFAについては，「例外さがし」「ミラクル・クエスチョン（MQ）」などの用語とともにご存じの方も少なくないのではないでしょうか。

2 不登校の支援に役立つブリーフセラピーの特徴

　まず，伝統的な心理療法と違って，（過去の）原因を考えないために，成育歴やトラウマ，家庭環境を詳しく調査したりせず，これからどう変わりたいのかに（例えば，MQなどを使って）焦点を当てます（現在・未来志向）。また，深層心理を探ることもしません（表層志向）。このため，非常にシンプルであるという特徴があります。MRI流の家族療法から生まれたブリーフセラピーの1つであるSFAの中心哲学は，「壊れていなければ直（治）そうとするな」「うまくいっていればそれを続けよ」「うまくいっていなければ何か違ったことをせよ」の3つです。

　次に，「問題（とその原因）」と「解決」は必ずしも直接的因果関係になく，円環的因果を考えることで悪循環を断とうとします（MRI流）。さらに，従来の発想をコペルニクス的に転回し，問題（とその原因）に

ついて詳しく知らなくても解決の構築が可能であると考えます（SFA流）。

3つめに，クライアントの「長所・強み・うまくいっていること・例外など（リソース）」に焦点を当てることです（長所志向）。興味深いのは，いわゆるリソースばかりか，問題や症状，抵抗など，障壁になりかねないと思われるものでも，工夫してリソースとして活用する発想の転換（リフレーミング）が鮮やかなことです（利用志向）。

4つめに，「問題」を個人の中で起こっているとは考えず，人と人，人と環境の相互作用の中（文脈の中）で起こっているものとみます。困難を抱えている人が「病理」を抱えているという捉え方もしません。また，システム論的見方をするため，システムの一部が変わるとそれがシステム全体に影響を及ぼすと考えます。

最後に，「柔軟さ」があります。常識的なものの見方や行動にとらわれず，柔軟な発想・対応をします。一見すると合理的でないと思われる対応や，解決とは無関係と思われる行動をあえて試してみたりもします（パラドックスなど）。また，4つめのシステム論的見方とも関係しますが，「問題」を直接扱わなくても，別の部分を変えると「問題」の部分にも影響が及び，「問題」が消滅（減少）するという発想から，やりやすい部分から始められる（始めればよい）という柔軟さもあります。

以上から，ブリーフセラピーは学校教育と親和性が高いといえます。

③ ブリーフセラピーを使った不登校へのアプローチ例

中学2年生のAさんはGW明けから徐々に登校回数が減り，不登校の状態になりました。心配した母親が付き添って，放課後，担任のところにやってきました。Aさんは，表情も固く緊張した様子です。
〈母親の主訴〉「1日も早く元通り登校させたい，家ではいつもAに発破をかけ，ときには厳しく叱っても通じない，なぜ娘はこんなことになってしまったのか」
〈Aさんの主訴〉「学校に行かなくちゃとは思うが，登校日の朝になる

とお腹が痛くなる，苦手な先生も１人いる」「絵を描くことが好きで，小説のようなものもたまに書いているが，『学校を休んでそんなことをしている場合か』と母親に叱られる」「周りの目が気になって，天気がよくても外出できず，家にこもっている」

　担任は２人に，相談に来てくれたことの感謝を伝え，母親には，これまでの心労をねぎらい，困惑や憤りを自然なことと認めて伝え，Ａさんには，いまの状況で学校に来てくれたがんばりと勇気を認め，どうやって出て来られたのか，がんばりと勇気を支えているのは何かなどＡさんから詳しく話を引き出し，面接を続けました（以下，面接の様子）。

担任「ところでお母さん，ご家庭での娘さんへのお母さんのかかわりは，娘さんにとってどんな点で役立っているとお考えですか？」

母親（しばらく考えた後）「心配でつい小言を言っていましたが，あまり役立たないどころか，逆効果だったかもしれません」

担任「Ａさん，お母さんはこうおっしゃってるけど，どう？」

　Ａ「お母さんが心配してくれるのはありがたいとは思うけど……」

担任「Ａさんは，親思いな娘さんですね，お母さん」（３人笑う）。

　Ａ「ありがたいけど，逆効果だと思う」

担任「正直な娘さんでもいらっしゃいますね」（３人爆笑）。

担任「２人のおっしゃるように，お母さんの思いと裏腹に，もしかするとあまりうまくいっていないのかもしれませんね。ほかのことで，少しでもうまくいっていることにはどんなことがありますか？」

母親「私も絵を描くのは結構好きで，たまに娘と一緒に描くんですけど，そんなときは会話もはずみ，娘の表情も少し明るいですかね」

担任「娘さんの芸術的センスはお母さんからの遺伝ですかね。ほかにはどんなことがありますか？」（「うまくいっていること」に焦点化）。

母親「先生，平日の日中に外に出ることについてはどうでしょうか？」

担任「お母さんはどう思われますか？」

母親「悩んじゃいます。学校を休んで，みんなが勉強しているときに外出なんてとんでもないと思うけど，運動不足で体力も落ちて心配だ

し，日光を浴びると精神面にいいのかなと思うこともあって……」

担任「Aさんはどう？」

　A「人の目が気になるし，やましい気持ちもあって，できないかな。
　　　自転車で近所をブラブラするのは好きだったんだけど……」

担任「そうなんだね。ところで，Aさんはどんな小説を書くのかな？
　　　お母さんご存じですか？」（母親が「いいえ」と首を横に振る）。

担任「そうなんだ，お母さんにも内緒だったんだ？」

　A「（うれしそうに）母にも内緒です。」

担任「そうか，それなら先生も教えてもらえないよね。いつか，教えて
　　　もいいかなって思ったら，そのときまた聞かせてくれる？」

　A「私が書いてるものに，『秘密結社』が出てくるんですけど，4月
　　　に，ふだんあまり行かない，近所の道がごちゃごちゃした場所に自
　　　転車で行ったら，変わった家を見つけたんですよね。何か私の書い
　　　た『秘密結社』みたいな……」

担任「えー，どんな家？」

　A「屋根が変わった形で，色があり得ない黄色みたいな。また後で見
　　　に行こうって思っていたんですけど……」

担任「じゃあ今度行けそうなときに見て，詳しく教えてくれる？」

　A「やってみます」（「難しいこと」より「易しいこと」に焦点化）。

母親「先生，お腹が痛くなるのはどうしたらいいでしょう？」

担任「Aさん，ちょっと変なこと家でやってみてくれる？　土日とか
　　　学校のない日の朝に，『お腹痛くなれ！　お腹痛くなれ！』って，
　　　お腹の痛くなる練習をしてほしいんだけど」

　A「お腹の痛くなる練習ですか？」（母親も不思議そうな表情）。

担任「そう，『お腹痛くなれ！　お腹痛くなれ！』って。それでもダメな
　　　ら，苦手な教科の先生の顔を思い浮かべて『お腹痛くなれ！　X
　　　先生苦手！（迫真の演技を披露）』って。これ，真面目にやってよ」

　A（笑いをこらえながら）「はい，やってみます」（パラドックス：問
　　　題行動を意図的に維持し悪循環を断つ，ユーモア，文脈を変える）。

6 アドラー心理学による アプローチ

1 アドラー心理学とは何か

アドラー心理学は，オーストリアの医師アドラー（1870 ～ 1937）が創始した，心理学の一大理論体系です。ここでは，アドラー心理学の考え方で，教育実践に役立つ理論を 3 点に絞って紹介します。

▨ 勇気づけ

勇気づけとは，相手の存在を認め，長所に着目し，その子なりの努力や成長に注目する態度・姿勢のことです。アドラーの高弟であるドライカースは「植物が太陽と水を必要としているように，子どもは勇気づけを必要としている。不幸にも，最も勇気づけの必要な子どもが最小のものしか得ていない」と述べています。アドラー心理学が子ども（だけでなく大人も）の支援で最重要視するのが，この勇気づけです。

▨ ライフタスク

アドラー心理学では，人間として達成すべき人生の課題が 3 つあると考えます。「仕事」「交友」「愛（パートナーとの関係）」です。この課題をライフタスクと呼びます。共同体感覚（後述）の高い人は，この 3 つの課題を達成し，幸せな人生を送ることができる人であるといえます。

▨ 共同体感覚

共同体感覚とは，他者や世界に対する関心，所属感，貢献感，信頼感，安心感，相互尊敬，協力が一体となった姿勢や態度です。「精神的健康のバロメーター」ともいえるものです。筆者は，共同体感覚を，「つながり意識」と「自己有用感」（p.106 参照）をミックスしたようなものと捉えています。アドラー心理学では，教育，カウンセリング，心理療法の目標は共同体感覚を高めることであると考えています。

2 アドラー心理学を不登校支援に生かす

勇気づけ

　不登校にもさまざまなタイプがありますが，多くは学校に行きたくても行けない，「勇気をくじかれた」子どもたちです。また，同時に，不登校になった子どもの保護者も，子どもが学校に行っていないことに負い目を感じ，周囲の冷たい目に勇気をくじかれています。

　そこで，学級担任が何よりもすべきことは，子どもや保護者のつらさに十分共感し，あたたかいまなざしを送り，p.106 で紹介しているような勇気づけの言葉をかけることです。

ライフタスク

　子どもにとってのライフタスクは，「学業」「友達との関係」「家族との関係」といえます。不登校の多くはこのどれかにつまずくことで起こります。学級担任が不登校の背景を理解するためには，どこでつまずいているかを理解し，どう支援できるかを考えることが大切です。

　具体的には，勉強が苦手な子にはていねいにわかりやすく教えます。友達関係につまずいた子には，関係修復を手伝います。家庭への支援は学級担任だけではなく，スクールカウンセラー（SC）やスクールソーシャルワーカー（SSW）も交えた支援チームでの対応が必要です。

共同体感覚

　アドラー心理学で目標とされる「共同体感覚の育成」は，不登校の予防策につながります。共同体感覚を育てるには，他者や集団との良質な関係が欠かせません。安心でき，また互いに高められる人間関係の中で，共同体感覚は高まります。したがって，学校や学級は共同体感覚を育てる最良の場であるといえます。具体的な方法が2つあります。

　1つは，心理検査の「楽しい学校生活を送るためのアンケート Q-U」でいう，ルールとリレーションを兼ね備えた親和型学級をつくることです（7章2節参照）。

　もう1つは，「対話のある授業」や協同学習などを通して，授業の中で良質な学び合いの経験をさせることです。

3 アドラー心理学を使った不登校へのアプローチ

勇気づけのマジック・ワード

　子どものどんな行動も，決して見捨てず，信頼し，尊敬する姿勢や態度が勇気づけです。そうはいっても，その姿勢や態度が言動として表れなければ子どもには伝わりません。そこで，どんな相手・どんな場面でも勇気づけられる，「勇気づけのマジック・ワード」を紹介します。

・ありがとう

　感謝の言葉は，万国共通の勇気づけワードです。例えば子どもが登校することに対しても，それをあたりまえだと思わなければ，感謝の思いがわいてくるはずです。子どもなりにさまざまな事情を背負って学校に来ています。「今日も学校に来てくれてありがとう」と子どもに伝えましょう。

・うれしい／うれしかった

　不登校だった子どもが久しぶりに登校したとします。「登校できてえらいね」や「よく登校できたね」と子どもを褒める（価値づける）ことは勇気づけではありません。「久しぶりに会えてうれしいよ」と教師の肯定的な感情をそのまま伝えることが重要です。「がんばって登校したら先生が喜んでくれた」という思いが，子どもの心を勇気づけるのです。

・助かった

　アドラー心理学では，共同体感覚を高めることが教育のゴールであると考えます。共同体感覚の重要な要素は，「自己有用感」（「自分は役に立つ存在である」）です。自己有用感を高めるには，係活動やちょっとしたお手伝いなど，子どもが他者のために貢献できる場面をつくり，それに対して「助かったよ」と感謝の言葉をかけることです。

　なお，これら3つの言葉を子どもに届けるためには，わざとらしさが感じられないことが大切です。「何としても勇気づけよう！」などと思うと，子どもはかえって警戒します。そのため，普段からこの3つの言葉を口ぐせとしてしまいましょう。

勇気づけの技術

　岩井（2011）は勇気づけの技術の１つとして，「ヨイ出し」（「ダメ出し」の反対）をあげています。子どもの非建設的（不適切）な側面ではなく，建設的（適切）な側面に目を向けるのです。

　人間は，相手の欠点や短所にはすぐに目が向きます。テストで90点を取った子どもには，「あと10点で満点だったのに」と言い，運動会で2位だった子どもには，「1位でなくて残念だったね」と言葉をかけていませんか？　筆者は，欠点や短所にばかり目が向く傾向を，「人間の悪しき性」と呼んでいます。

　では，（本当はあり得ないことですが）子どもによいところや取り柄がなかなか見つからない場合，どうすればよいでしょうか。そんなときに生かせるのが「リフレーミング」です。短所や欠点の見方を変え，そこにその子どもの長所やもち味があると考えるのです。例えば，落ち着きがない子どもは「エネルギッシュで活動的な」子どもですし，がんこな子どもは「意志が強くしっかりとした自分をもっている」子どもです。優柔不断な子どもは「物事をじっくり考える」子どもですし，飽きっぽい子どもは「好奇心旺盛な」子どもでもあります。

　リフレーミングの最も簡単な方法は，神田橋（1990）が指摘するように，子どもの気になる行動に＜能力＞という言葉をつけてみることです。「授業中，すぐに教室を飛び出す＜能力＞」……飛び抜けた瞬発力と運動能力をもっている子どもですね。反対に，「授業中，ずっと机に突っ伏している＜能力＞」……45（50）分間同じ姿勢を保ち続けるなんて，「泰然自若」ともいえる集中力抜群の子どもかもしれません。

　アドラーは，「重要なことは，何を持って生まれたかではなく，与えられたものをどう使うかである」と述べています。教師は，「人間の悪しき性」を克服する努力をしなければなりません。どんな相手に対しても，その建設的な側面に目を向け，「○○する能力」を見いだせる存在であることが求められます。教師が「勇気づけの達人」になることこそが，不登校予防の特効薬なのです。

第6章　カウンセリングの理論を生かした不登校の理解と支援

107

◆引用・参考文献（6章）

〈1節〉

・大竹直子・諸富祥彦監修（2005）『とじこみ式自己表現ワークシート』図書文化

・大竹直子（2008）『とじ込み式自己表現ワークシート2』図書文化

〈2節〉

・井上雅彦監修・三田地真実・岡村章司（2009）『子育てに活かすABAハンドブック』日本文化科学社

・R・E.オニール，R・W.アルビン・K・ストーレイ・R・H.ホーナー，J・R.スプラギュー著，三田地真実・神山努監訳，岡村章司・原口英之訳（2017）『子どもの視点でポジティブに考える問題行動解決支援ハンドブック』金剛出版

〈3節〉

・日本教育カウンセラー協会編（2004）『教育カウンセラー標準テキスト　初級編』図書文化

・S・フロイト著，高橋義孝・下坂幸三翻訳（1977）『精神分析入門（上・下）』新潮社

〈4節〉

・S・R.ワレン．W・ドライデン，R・デジサッピ著，菅沼憲治監訳，日本論理療法学会翻訳（2004）『論理療法トレーニング』東京図書

〈5節〉

・Durrant, M.　Creative strategies for school problems.（1995）New York：W. W. Norton & Company, Inc.（市川千秋・宇田光編訳（1998）『効果的な学校カウンセリング―ブリーフセラピーによるアプローチ―』二瓶社）

・George, E., Iveson, C., & Ratner, H.（1990）Problem to solution：Brief therapy with individuals and families. London：Radala & Associates（長谷川啓三・児玉真澄・牛田洋一訳（1997）『短期療法の展開―問題から解決へ―』誠信書房）

・長谷川啓三・若島孔文編（2002）『事例で学ぶ家族療法・短期療法・物語療法』金子書房

〈6節〉

・岩井俊憲（2011）『勇気づけの心理学　増補・改訂版』金子書房

・神田橋條治（1990）『精神療法面接のコツ』岩崎学術出版社

7章

章

不登校を理解する
アセスメントの技法

不登校の対応をするうえで欠かせないのは，
個人（不登校傾向になっている子ども本人）と，
集団（その子どものいる学級），両方を理解することです。
本章では，それぞれのアセスメントの仕方をみていきます。

1 個人のアセスメント

1 不登校の背景要因

　同じ不登校でもその状態にいたる要因はさまざまです。これらの要因を理解することなしに早期の支援や解決はむずかしいといえます。アセスメントには，現状の把握とともに背景要因の理解が含まれます。

　文部科学省の 2018（平成 30）年の調査では，不登校の要因を「学校における人間関係」「あそび・非行の傾向」「無気力の傾向」「不安の傾向」という本人に係る要因と，「いじめ」「いじめ以外の友人関係の問題」「教職員との関係の問題」「学業の不振」「入学・進級時の不適応」「家庭に係る状況」などの学校，家庭に係る要因の，2つの側面から整理しています。不登校の背景要因は，複数の要因が複雑に絡む場合も少なくないため，多角的な観点でのアセスメントが必要になります。

2 多角的アセスメントの重要さ

　例えば，不登校になった子どもに学業不振がみられ，本人からも「勉強がいやで学校に行きたくない」という発言があった場合，どのように対応すればよいでしょうか。単純に「勉強を無理強いさせない」「個別指導の学習機会を増やす」などの対応では問題が改善されないことがあります。学業不振が発達の偏りや遅れの問題に起因していた場合，子どもの知的能力の水準や特性を把握したうえで適切な指導方略にそって支援することが必要になるためです。また，学業不振が自信喪失や自己不全感につながっている場合は，学習の機会を増やす以前に情緒面のケアが優先されるでしょう。両者が重なる場合もあります。さらに，人間関係や家庭の問題がかかわっている場合も考えられます。

　問題の実態を多角的に捉えるために生物的，心理的，社会的な観点の

3つからアプローチする考え方があります（生物—心理—社会モデル）。不登校のアセスメントも，このモデルに倣って考えてみましょう。

3 生物的な観点からのアセスメント

生物的な観点からは，身体的な健康面についての情報を把握します。

> ### ▨ 不登校のアセスメントにおける生物的な観点
> ・基礎疾患やアレルギーなどの持病がないか
> ・睡眠に問題がないか（寝つきが悪い，眠りが浅くしばしば目を覚ます，朝起きるのがつらい，授業中居眠りが多いなど）
> ・栄養面に問題はないか（欠食，極端な偏食，過食や拒食傾向など）
> ・体調不良がたびたび生じていないか（頭痛，腹痛，吐き気，倦怠感などの身体症状を繰り返し訴えているなど）
> ・学校生活で配慮を要する発達上の困難さがないか（発達障害などの傾向や診断があるなど）

　健康面の把握は，保護者からの聞き取りだけでなく，日頃の学校での様子や養護教諭の視点も大切な情報になります。発達障害の傾向がみられる場合は，特別支援教育の専門性を有する者（巡回相談員，専門家チームの委員など），また受診している場合は主治医とも連携をとると，より多角的な視点からのアセスメントが行えます。

4 心理的な観点からのアセスメント

　心理的な観点では，「知的能力・認知能力」「情緒」「行動」の3つの側面があります。この3つの側面は互いにかかわり合ってもいます。例えば，知的能力や認知能力の低さや偏りは学習面のつまずきの要因となり，劣等感などの情緒の問題にもつながります。また，自信がもてないことで活動への参加がむずかしくなることもあります。

　知的能力・認知能力は学力テストの結果だけでは把握しきれない能力です。日頃の授業の中で子どものどこに着目して情報を収集すればよいか，特別支援教育コーディネーターや学校にかかわる心理職と連携し，

チェックポイントを整理しておくとよいでしょう。情緒面のケアとしては，スクールカウンセラー（SC）などの心理職に子どもが気軽に相談できるような環境を整えることも肝要です。また，不登校の前兆は学校だけでなく家庭にも表れます。気になるサインを感じたとき，保護者が学校に相談できるような関係づくりが求められます。

> ■ **不登校のアセスメントにおける心理的な観点**
> ・情緒面の変化がないか（すぐにカッとなる，イライラする，表情が乏しくなる，泣く，気分の落ち込みなどが高頻度であるなど）
> ・自己肯定感が低くなっていないか（自分を否定する発言が増えるなど）
> ・対人関係や行動に変化がないか（以前と比べて友達の話をしなくなった，1人でいることが多い，消極的になったなど）
> ・適応を困難にする行動面の特性をもっていないか（集団行動やコミュニケーションが苦手，多動傾向，固執傾向，不注意傾向，感覚過敏など）
> ・成績の急激な下降がないか
> ・学力不振につながる学習面の特性がないか（読み書きの困難さ，数概念の理解の困難さ，特定の科目や単元の極端な苦手など）

5 社会的な観点からのアセスメント

　子どもがおかれている環境をアセスメントすることも重要です。いじめや対立が多い環境では，攻撃の対象となった者だけでなく，周囲の者も多大なストレスを感じ，不登校にいたる場合があります。

　また，不登校の要因は必ずしも学校生活にあるとは限りません。放課後の過ごし方や家庭環境が一因となる場合もあります。ただし，家庭環境の実態はなかなか把握しづらい面もあります。不登校が生じる前から，各家庭と信頼関係を築いておくことが重要です。また学級担任だけが相談の窓口になるのではなく，保護者が養護教諭やSCにも相談しやすい土壌をつくっておくとよいでしょう。

> ■ **不登校のアセスメントにおける社会的な観点**
> ・集団行動や学校の規則への不適応がみられないか（学校になじめない，集団行動に参加しない，規則を守れ（ら）ないなど）

・学級やクラブ・委員会などの集団に問題がないか（子ども間の対立，いじめ，騒ぐ子どもがいるなどの授業環境の悪さ，教師に対して反抗的な学級風土，過度の競争意識の助長や連帯責任を課す傾向など）
・家庭環境に子どもの負担になるような要因がないか（家族間の不和，介護や看病を要する家族の存在，兄弟間の保護者の対応の格差，経済面の問題，虐待の疑い，保護者の不在など）
・学校外での問題がないか（塾や習い事でのトラブル，近隣住民とのトラブル，繁華街への出入りや非行グループとのかかわりなど）

6 アセスメントと早期支援

　以上述べてきた3つの観点は重なる部分もあり，相互に関係しています。複数の教師，医療，心理，福祉などの多職種連携のもと，これらの多角的な視点からのアセスメントを行っていく必要があります。

　不登校への対応は図7-1のようなプロセスが想定されます。不登校の未然防止には「気づきの段階」での早期の援助介入が必要となります。的確な早期支援を行うには，気づきを得た後の迅速なアセスメントが不可欠です。また，支援の第1歩となる気づきを支えるのは，事前の子どもの日常的な実態把握です。日頃から子どもの様子を把握しておけば，些細な変化にも気づきやすくなります。

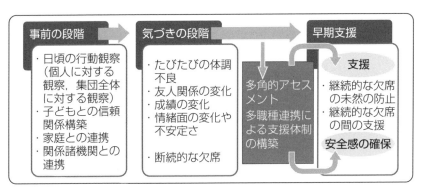

図7-1　不登校の早期支援とアセスメント

2 集団のアセスメント

1 調査法を活用した集団のアセスメント

　子どもがときどき学校を休むようになり，子ども本人に「何か困っていること，つらいことがあるの？」と尋ねても，「特にありません」と言われたり，保護者からも「最近調子が悪いようです」との返答がきたりして，対応の糸口をつかめないことがあります。一般的に不登校は，①本人の要因，②家庭に関する要因，③学校や学級に関する要因があげられます。上記のケースでは，学校の教育相談体制を整え，①と②をアセスメントし，教職員がチームで対応する視点が大切です。③については，特に学級の環境がより適切になるよう改善する視点が重要です。

　学級の状態を良好にするための心理検査（調査法）である「楽しい学校生活を送るためのアンケート Q-U」，「よりよい学校生活と友達づくりのためのアンケート hyper-QU」（河村茂雄著，図書文化）を紹介します。これらを活用して子どもや学級集団の状態をアセスメントし，対応策に取り組むのです。特に本人や保護者から事情を聞く面接法や，子どもの様子から見取る観察法で不登校の要因の把握がむずかしい場合に，調査法でのアセスメントをお勧めします。

2 心理検査 Q-U・hyper-QU による個人と集団のアセスメント
▆子ども1人1人の学級集団内での様子をつかむ

　Q-U や hyper-QU の「いごこちのよいクラスにするためのアンケート」では，子どもの学級・学校生活に対する満足度を測ります。具体的には，学級で自分が友達や教師から受け入れられ，考え方や感情が大切にされているという承認感と，友達とのトラブルやいじめや孤立感があるという被侵害感をもとに，子どもを4つに分類します（図7-2参照）。

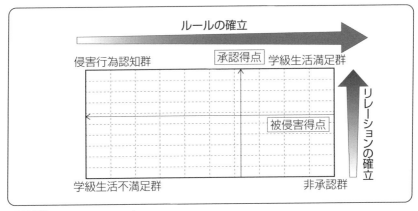

図7-2　学級満足度尺度

出典：河村茂雄（2006）『学級づくりのためのQ-U入門』図書文化をもとに作成

　学級生活満足群は，承認感が高く，被侵害感が低い子どもたちです。学級生活に充実感や満足感があり，かついじめや悪ふざけを受けている可能性が低いといえます。不思議に思われるかもしれませんが，不登校傾向の子どもが，この群に分類される場合があります。そのような場合，前年度にQ-Uやhyper-QUを行っていたら，当時の承認感や被侵害感も確認してみてください。過去に学級生活や人間関係で困ったりつらい思いをしたりした経験から，今年はがんばろうと気を張りすぎて疲れてしまっていたり，いまは嫌なことはないけれど，いずれつらい思いをするのではないかと予期不安を強めていたりすることがあるためです。

　非承認群は，承認感と被侵害感がともに低く，いじめや悪ふざけなどを受けている可能性が少ないかわりに，学級内で認められることも少なく，学級生活や活動に意欲的になりにくい子どもたちです。学業に苦戦していたり，進路を悲観していたり，友達との交流が少なく孤独を感じていたりと，人知れず悩んでいることがあります。

　侵害行為認知群は，承認感と被侵害感がともに高く，学級生活や諸々の活動に意欲的に取り組みますが，ほかの子どもとトラブルが起きている可能性のある子どもたちです。いじめのような攻撃を受けている場合もあります。

学級生活不満足群は，承認感が低く被侵害感が高く，いじめを受けている可能性があったり，孤立し居場所がないと感じていたりする子どもたちです。不登校になる前の，学校に来ている段階でアンケートをすると，この群に入る場合が多くあります。この群に所属する子どもに対しては教職員がチームを組んで早急な対応をすることが必要となります。

　このように，心理アンケートを活用して，子ども個人の内面を把握し，それぞれのタイプに合った個別の対応を考えることができます。

▨ 学級集団の状態を把握して学級環境を改善する

　不登校傾向の子どもにとって，学級が安心できる場所か否かは大変重要です。「学級は自分の居場所」と思えるためには，学級にリレーション（親和的でふれあいのある人間関係；学級成員の承認感が高いこと）と，ルール（対人関係を円滑にするマナーや集団活動時にみんなで守る約束など；学級成員の被侵害感が低いこと）の2つが同時に確立していることが必要条件です（河村，2006）。その確立状態により，学級集団の状態像が把握できます。次に代表的な4つのタイプを紹介します。

・リレーションとルールがバランスよく確立されているタイプ

　子どもたちが学級生活満足群に多くいる場合です。意欲的で互いを尊重する親和型学級になっています。学級成員が不登校傾向の子どもの体調や心情に配慮してかかわり，不登校傾向の子どもにとって学級が「安全・安心」な場として認知されやすいです。学級が良好な環境であるため，例えば互いのよさを伝え合う活動などで，不登校傾向の子どもの不安の解消や，承認感の高まりにつながる取組みをすることが有効です。

・ルールが強くリレーションが不足しているタイプ

　子どもたちが学級生活満足群と非承認群に多く集まっている場合です。規律やけじめが重視され落ち着いた雰囲気ですが，教師や子ども同士が生活態度や行動を厳しく評価していて緊張感があり，ふれあいの少ないかたさ型学級になっています。褒められることや活躍することが少ない子どもが不登校傾向になっている場合があるため，これらの子どもたちの意欲が喚起されるような取組みが必要です。例えば，子どもから

親しみをもってもらえるよう教師が自己開示したり，子どものよいところを多様な価値軸で認めたりして，教師と子どもとの関係づくりを行います。さらにゲームやレクリエーション，2〜4人組での学習活動などで，子ども同士の関係づくりを行います。学級全体に明るさや活気が出てくると，不登校傾向の子どもも不安や緊張感が減少します。

・リレーションはあるがルールが不足しているタイプ

　子どもたちが学級生活満足群と侵害行為認知群に多く集まっている場合です。子ども同士のかかわりや自己主張の場面が多く活発ですが，対人関係上のマナー，集団生活の規律やけじめが定着しておらず，いじめやトラブルがひんぱんに起こるゆるみ型学級です。外からは仲がよさそうに見える小グループ内でのトラブルで，不登校傾向になる子どもがいる場合があります。対人関係や生活上のトラブルに対し，個別指導と同時に学級全体への指導を行い，次に同様のことが起こった場合の行動の仕方を話し合うなど，トラブル解消のための手だてが必要となります。

・リレーションとルールがともに不足しているタイプ

　学級生活満足群と学級生活不満足群に多く集まっている場合です。子ども同士で傷つけ合う行動が目立ち，つらい思いの子どもが不登校傾向になる，不安定型学級です。悪化すると教師の指示が通らず，けんかやいじめが絶えず起こる崩壊型学級になることもあります。不登校傾向の子どもが複数名になり，学年や学校全体で対応を考え，早急に立て直す必要が生じます。

　不登校は個人要因と環境要因が交絡して発生します。環境要因である学級への直接対応は教師が行えるものです。親和的であたたかな学級集団の育成をめざし，みんなで自分たちの学級をよくしようとする主体性や協調性をはぐくみ，すべての子どもにとって学級が安全・安心な居場所となることが望まれます。そして不登校傾向の子どもに学級活動への参加を促す際は，学級成員の受容感や愛他性が育ち，周囲の援助を受けながら活動に参加できる学級状態であるか確認することが重要です。

◆引用・参考文献（7章）————————————————————

〈1節〉

・文部科学省（2018）「平成 30 年度児童生徒の問題行動・不登校等生徒指導上の諸課題に関する調査結果について」 https://www.mext.go.jp/content/1410392.pdf（2020 年 7 月 22 日閲覧）

〈2節〉

・河村茂雄（2006）『学級づくりのための Q-U 入門』図書文化

・河村茂雄（2007）「よりよい学校生活と友達づくりのためのアンケート hyper-QU」図書文化

・田上不二夫監修，河村茂雄（1998）「楽しい学校生活を送るためのアンケート Q-U」 図書文化

8章

不登校対応に生かす
個別面接の技法

本章では，学級の子どもが不登校（傾向）になったときの
個別面接（カウンセリング）の心構えと技法について，
面接対象に保護者も含めながら解説します。

1 不登校対応の個別面接

　不登校対応において，不登校になった子ども自身や，その保護者に対して個別面接を行うことがあります。その際に役立つカウンセリングの技法（スキル）や心構えについては次節で解説します。本節ではまず，子どもと保護者それぞれとの面接の留意点を説明します。

1　子どもとの面接

　不登校対応における子どもとの面接では，学級担任が，不登校傾向の子どもに声をかけて話を聞いたり，不登校になった子どもの自宅へ家庭訪問し，子どもと1対1で話したりすることが考えられます。また，養護教諭やスクールカウンセラー（SC）が，保健室登校の子どもと話す機会などもあります。

　「このクラスでちゃんとやっていけるだろうか」などの不安・緊張はだれにでも生じるものですが，不登校になりやすい子どもは，過度に抱きやすいです。子どもの不安・緊張を感じ取りながら話を聞き，その子の気持ちに寄り添っていくことが必要になります。

　いろいろな人がかかわることも大切ですが，学校の中で，子どもにとって安全・安心な人（場所）をつくることが大事です。まず学校のだれか1人でも安心して話せる人（リソース）が必要で，その安心して話せる人と子どものリレーション（良好な人間関係）ができてから，徐々にさりげなく学校での出来事を話すなどの「学校刺激」をかけ，登校への可能性を探っていきます。ただし，不登校（傾向）になっている子ども本人に，「明日は登校できる？」「来週の火曜日には○○があるから学校に来てね」などと無理に登校を促す「登校刺激」をかけるのは禁物で，子どもの様子を見ながら「学校刺激」と「登校刺激」を試していきます。

2 保護者との面接

　保護者との面接では，家庭訪問や電話で学級担任が話したり，保護者に来校してもらい，管理職が面接したりするケースが考えられます。

　不登校の対応では，子ども本人と直接話をするのがむずかしいケースもあり，保護者との面接は貴重な機会です。また不登校になった子どもの保護者は，学校に行けなくなった子どもを目の当たりにして，自分自身もどうしてよいのかわからずに，途方に暮れ，不安定な状態になりやすいため，サポートすることが大切です。

　毎日のように，電話などで，「今日も休みます」と欠席の連絡をしているうちに，学級担任に対して気まずさを感じる保護者は少なくありません。また，保護者の心理状態として，「親としての対応や育て方がまずかったのではないか」と自責の念にとらわれたり，落ち込んだり，また，防衛機制（p.93 参照）が働き，外罰的な言動になったりしやすいものです。「子どもが登校しない」ということが引け目となって，保護者自身も人前に出ることに消極的になったり，不登校と聞いただけで，過剰な反応を示すようになったりし，1人で悩みを抱え，孤独感を示すこともあります。

　そこで，教師が「押しかけ面接（アウトリーチ）」することで，保護者の精神的サポートをすることができます。子どもが休み出した際に，クラスメイトに頼んでプリントなどを持って行かせ，「押しかけ面接」をしない教師もいますが，保護者のサポートという視点では，適切な対応とはいえません。教師が保護者自身の不安定な精神状態のサポートをできませんし，保護者にとっては，子どもの不登校が長引けば，プリントを届けてくれるクラスメイトに対しても申し訳ないという気持ちが生じるからです。

　保護者の都合で「押しかけ面接」がむずかしい場合は，電話を使って保護者と話をすることが考えられます。p.126 の〈コラム〉をご参照ください。

2 カウンセリングの技法と心構え

1 面接に役立つカウンセリングの基礎知識

カウンセリング技法の知識

　カウンセリングとは，「言語および非言語のコミュニケーションを通して行動の変容を試みる人間関係」です。まず，キーワードについて解説します。

・コミュニケーション（言語と非言語）

　カウンセリングの方法（武器）は，言語のやり取り（会話）と非言語（視線，表情など）でのやり取り（動作）です。相手の言葉や仕草などに反応して対応していくことです。

・行動の変容（思考・行動・感情）

　これがカウンセリングの目的です。行動の変容のツボには思考・行動・感情の３つがあり，それぞれのツボが影響し合います。思考の変容とは，考え方が変わることです。例えば，人間関係づくりが苦手な子どもが，「すべての人が苦手ではない」と考え方が変わることがあてはまります。行動の変容とは，反応の仕方が変わること，感情の変容とは，「人が気にならなくなる」など，感じ方が変わることです。

・人間関係（リレーション）

　リレーションには２つあります。１つは，カウンセラー（相談される人：おもに学級担任）とクライエント（相談する人：子どもや保護者）という役割を意識するソーシャルリレーション（社会的役割関係）です。この役割があることで，単なる社交会話と異なる，契約された関係が成立し，特にカウンセラー側は，「話を聞きますよ」という態勢になりやすくなります。もう１つは，パーソナルリレーション（私的感情交流関係）です。

2 カウンセリングの基本技法 （傾聴技法）

カウンセリングでは，相手の思いを受けとめ，真摯に耳を傾ける「傾聴技法」を重視します。学校現場でリレーションができたら，学級担任は，傾聴しながら，クライエント自身の気づきを促せるよう，キーワードを探り，言うべきことを言うことが大切です。そのために，5つの言語的技法（受容・繰り返し・明確化・支持・質問）を解説します。

・受容

クライエントの身になった，評価的でない反応のことです。ねらいは，自分の気持ちを本当に理解してもらった，受け入れてもらったという実感をクライエントの中に生じさせることです。「そうですね」「うん，うん」とうなずいたり，あいづちを打ったりするのが応答例です。言葉だけでなく，非言語（表情や声のトーンや姿勢など）も駆使して，「聞きますよ」というスタイルをつくります。話したいという気持ちを抑えて，まず，「聞かせていただきます」という姿勢で臨むことです。

・繰り返し

クライエントの発した言葉（単語・短文）を言って返すことです。クライエントの自問自答を促すことができます。例えば，「子どものことが気になっている」と保護者が言えば，「気になっている」などと繰り返すことで，クライエントの自問自答の助けになります。その際，クライエントが発した言葉の中から解決のヒントになりそうなキーワードや，肯定的な言葉を繰り返すことを心がけるとよいです。

・明確化

クライエントがうすうす気づいていることを言語化して，自分の気持ちに対決させることです。クライエントの意識の幅を広げ，現実的な判断と行動がとりやすくなります。例えば，保護者が「今日も学校に行きませんでした」と言ったら，「子どもを学校に行かせることができなくて落ち込んでいる」ことを感じ取って応答することが明確化です。

・支持

クライエントの言動に賛同を表すことです。クライエントの自信（自

己肯定感や自尊感情）を育てることができます。相手が保護者の場合の応答例は，「（同じ状況であれば）私もそうしたと思います」「大変でしたね」「あなたがそう思うのは当然ですよ」です。このように支持技法は，相手を励ます（元気にする）技法ですが，何でも賛同すればいいというものではありません。支持技法で賛同するべき観点は，次の3つです。

①理屈に合致しているかどうか。例えば，だれでも悩みがあることや，悩みはフラストレーション（欲求不満）から生じるという理屈を知っていると「そうですね」と言えます。

②自分の経験に合致しているか。例えば，子育てで悩んでいる母親の相談で，自分自身の子育て経験に思いをはせて，子育てはうまくいかないことが多いという経験があれば，「私も同じです」と言えます。

③自分に同じ経験はなく，理屈でも説明しづらいが，相手の気持ちを想像すると感情的に理解できるときには，自己開示的に応答します。

・質問

クライエントの思考・行動・感情について問いかけることです。質問することで，「私は，あなたに関心があります」という好意の伝達につながるほか，情報収集や，クライエントの自己理解・状況理解の促進につながります。応答例としては「外は寒いですか」（リレーションづくり）など，本題に入る前の雑談の質問もあげられます。

3 カウンセリングの心構え

カウンセリングには，技法だけではなく，カウンセラーの人生態度，人柄も大きく影響します。不登校対応を例に，心構えを解説します。

■治そうとするな，わかろうとせよ

学級担任が不登校＝問題行動と捉えすぎると，「学校を休むことはあってはならない」「登校するのは当然である」という考えにとらわれて，治そうとしてしまいます。「北風と太陽」で例えると，北風のように，学級担任が治そうとすればするほど，子どもは抵抗します。そのため，太陽のように，どうしてこのような状況になったのかを理解しよう

とすると，子ども自ら解決に向かっていくのです。

言葉じりをつかまえるな，感情をつかめ

　言葉は感情に左右されるため，子どもの言葉の裏にある感情をつかむことが大切です。例えば，子どもが「いじめられていて学校に行きたくない」と言ったら，その言葉の裏にある「嫌な気持ち」を感じ取ることです。感情体験（感情を伴う体験）の多い人は，察しがつきやすく子どもの感情をつかむのが上手な傾向にあります。急に体験を積むことは無理なので，間接体験として，いろいろな体験をした人の話を聞いたり，本を読んだりすることをお勧めします。

行動だけを見るな，ビリーフをつかめ

　人の心を理解するためには，その人の感情とともに，その感情を生み出しているビリーフ（考え方）をつかむことです。例えば，人とかかわるのが苦手という子どもの感情が，「人とうまく話さなければならない」というビリーフに由来していることがあります。

4　適切な処置

　「よいアドバイスをするのがカウンセリングである」と誤解している人をよく見かけます。カウンセラーは，クライエントと一緒に解決を図ることが大事です。適切な処置として，リファー（自分1人の手に負えないケースで専門家を頼ること），ケースワーク（環境を変えるなど，物理的な手助けのこと），スーパービジョン（困っている問題に対してHow to を教えること），コンサルテーション（情報提供とアドバイスをすること），具申（問題がクライエントの所属している組織にある場合，組織の長に意見を述べること），狭義のカウンセリング（精神疾患でない場合に，リファーせず，カウンセリングの諸理論・技法を用いて援助対応すること）の6つがあります。特にいまは，「チーム学校」の時代です。専門家と連携していくリファーや，環境を変える（例えば，不登校で転校を検討する）ケースワークは参考になると思います。

コラム　非対面の個別面接

　2020（令和2）年5月現在，新型コロナウイルスの流行に伴い，通常の対面式面接が困難になっています。また，不登校の面接では，感染予防の観点以外でも，保護者や子どもの状況により，対面での面接を行うことがむずかしい場合もあります。そこでここでは，非対面式面接について解説します。

▶電話での個別面接

　電話は便利で，学校現場でもよく活用されますが，使い方によっては，コミュニケーションギャップを生んでトラブルになることがあります。反対に，相手の気持ちを聞こうとする姿勢があれば，電話でも，リレーションを深めることが可能です。個別面接との関連での電話についてふれていきます。

● 電話では相手の反応（表情や仕草など）が見えず，コミュニケーションギャップを生みやすいです。ぜひ注意して傾聴技法を試みてほしいです。

● 込み入った内容について電話で面接する際には，電話の近くにだれかいるか，いま話して大丈夫かの確認をします。だめな場合，いつごろ電話をかけ直したほうがよいかを確認します。また，1回の電話ですべて済ませようとせず，次の面接につなげることが望ましいです。そのときに大切なのは，また話を聞きたい，話したいという積極的な姿勢を示すことです。

● 一方的な見方は，相手の不信感につながります。話を聞くときはよく聞き，話すときは主観を交えず，まず傾聴してから事実を語ります。例えば，十分に話を聞かず，教師が「でもね，お母さん」と言った瞬間，母親に「この教師は私のことをわかっていない」と不信感のスイッチが入ってしまうでしょう。ここでも「聞きます」という傾聴技法が役立ちます。

▶SkypeやZoomなどでの個別面接

　筆者の暮らす北海道は「広域である」という課題を踏まえ，北海道教育委員会の事業としてICTを活用した教員研修を2015（平成27）年から開催し，筆者も2018（平成30）年から，Skypeでの個別相談を教師，保護者，子ど

もと行っています。また，新型コロナウイルス流行に伴い，2020（令和2）年から，Zoomで大学の授業を行うことが増え，個別面接も複数回行いました。

気になるセキュリティについては，SkypeもZoomも力を入れて対策しています。ほかにも同様にセキュリティ対策に努める便利なシステムがあるかと思いますので，どのシステムを用いるかは各自お調べください。ここでは，オンラインによる授業や個別面接を実際に行った感想を述べていきます。

Zoomでは「待合室」機能があり，こちらの心の準備を整えてから面接に臨めました。面接の最初は，マイクなどの調整を確認し，雑談めいた話からリレーションをつくることもできます。授業で個別に学生と話す際は，ほかの学生に断ってからか，授業後に退出せず残って話すようにしています。

対面の授業では発言しない学生が，オンライン授業のチャットでは積極的に意見を出すなど，反応がよいことがありました。対面式より他者が気にならないことや，自宅という安全・安心の場にいることが，気持ちを楽にしているのかもしれません。個別面接でも同様で，オンラインのほうが悩みごとや気持ちを打ち明けられる，という子どもがいます。

会って話をすることができないと，モヤモヤする先生も多いと思います。対面式と非対面式の両方で筆者との個別面接を体験した方の話では，非対面でもそれほど違和感がないとのことでした。特に子どもは，小さいころからスマホに触れていることが多いので，オンラインに対して大人より抵抗感が少ないようです。どのような形でも，まずは子どもと「つながる」ことが大事だと思います。現在の環境で，できることから始めてください。新型コロナウイルスが終息しても，1つの手段として非対面の個別面接を活用できるとよいと思います。少しでも参考になればありがたいです。

◆引用・参考文献（8章）

〈1節・2節〉
・大友秀人（2014）「個別面接の諸形態と技法」NPO日本教育カウンセラー協会編『新版教育カウンセラー標準テキスト中級編』図書文化
・大友秀人（2017）「役に立つ教育カウンセリングの技法（1）・（2）」指導と評価 2017年4月号・5月号，日本図書文化協会

〈コラム〉
・田中賢一（2019）「教育相談はこう学ぶ！全国各地の特色ある教育相談研修（6）遠隔地におけるICTを活用した教員研修」指導と評価 2019年9月号，日本図書文化協会

9章

不登校を予防する
グループアプローチ

本章では，不登校の予防をねらいとした，
学級でできるグループアプローチを5つ紹介します。
学級での実践例をそれぞれ取り上げているため，
ぜひ実践に役立ててください。

1 構成的グループエンカウンター（SGE）

1 SGEとは何か

　構成的グループエンカウンター（SGE）は，1975（昭和50）年から國分康孝博士（1930～2018）により実践されている集中的なグループ体験です。目的は，「ふれあい体験（リレーションづくり）」と「自他発見」です。要するに，人と本音でふれあうことを通じて，自分や相手の人間性にふれ，人間的な成長を遂げることをめざします。

SGEの基本的な進め方

　SGEは基本的に，インストラクション→エクササイズ→シェアリングの順に進めます。それぞれについて，簡単に説明します。

・インストラクション

　授業でいう導入にあたります。活動のねらいを説明したり，ルールや約束事を確認したり，エクササイズのやり方についてデモンストレーション（実演）したりします。

　①何をするのか，②何のためにするのか，③どんな方法でするのか，④時間はどれくらいかかるのか，⑤してはならないことは何か，⑥どんな問題が起こりうるかについて，短い時間で端的に説明します。

・エクササイズへの取組み

　さまざまな対人行動から成り立つ課題で，思考・感情・行動のいずれかに刺激を与える誘発剤の働きをします。SGEでは，エクササイズの体験をもとに，①自己理解，②他者理解，③自己受容，④信頼体験，⑤感受，⑥役割遂行といった6つの目標に迫ります。

　リーダー（教師）は，参加者（子ども）に合わせて，ねらいに迫るエクササイズを用意し，取り組みやすいものから徐々にチャレンジ精神を要するものに配列（プログラム）をします。

・シェアリング

　エクササイズを通して「感じたこと，気づいたこと」を振り返り，分かち合うことです。SGEでは「いまここ（here and now）」での体感を伴う気づきを重視します。シェアリングのグループサイズは「隣の席の人」「少人数のグループ」「学級全体」と，徐々に大きくしていきます。

・介入（インターベンション）

　SGEで特徴的なのは，リーダーの介入です。介入とは，メンバー同士のふれあいを促進したり，心的外傷の予防や行動の仕方を学習させたり，メンバーが自分の本音と向き合えるようにしたりするためのリーダーのかかわり（立ち居振る舞い）です。

2　なぜSGEが不登校予防につながるか

　すべての問題行動は人間関係に起因するといってよいほど，子どもに与える影響が大きいです。人とのふれあい体験と自他発見を目的とするSGEは，対人関係のトラブルから起こるいじめや不登校の予防などに効果があります。具体的なポイントとして，集団が変わるときのリレーションづくり，自己肯定感，人間的成長について解説します。

集団が変わるときのリレーションをつくる

　SGEには互いのことを知り合うためのエクササイズがたくさんあり，例えば，新学期のクラス替えなどで新しい集団になったときに教師と子ども，また，子ども同士のリレーションづくりに役立ちます。

　教師と子どもたちのリレーションづくりには「X先生を知るイエス・ノークイズ」が，子どもたちのリレーションづくりには，両隣の座席で行う「うし・うまじゃんけん」が効果的です。集団が固定化してきたときには「バースデーライン」の並び順で，いつもとは違うグループをつくってSGEを行います。前の学年の学級担任からの引き継ぎなどで不登校傾向があるとわかっている子どもの場合，集団が変わるときに，教師が意図的に，座席が近い子どもたちと「あいさつ」ができるぐらいのリレーションをつくることが大切です。「この学級で，ちゃんとやって

いけるだろうか」などの不安・緊張は，だれにでもありますが，不登校になりやすい子どもは，過度に抱きやすいです。「この学級にいてもいいんだ」という安心感が，過度な不安・緊張を解きほぐしてくれます。

自己肯定感を高める

SGE の目的は，「ふれあい体験」と「自他発見」です。自他発見とは，自分自身と他者のよさを見いだすことです。つまり，自己肯定感を高めることにつながります。いまの子どもたちは自己肯定感が低いといわれますが，なぜ自己肯定感が低いか，それは自己疎外感があるからです。自己疎外感とは，「自分なんかどうせ……」などと思う気持ちです。自分を他者と比較して，自分に「ノー」を出してしまうのです。SGEは，実存主義的発想がベースにあるので，在り方・生き方を考えられるきっかけが増え，生きる力の源が高まり，ふれあいのなかで「かけがえのない自己の存在」を発見することにより，自己肯定感が高まります。自己肯定感が高まると，必要以上に他者が気にならなくなります。

人間的成長を促す

例えば，シェアリングの体験を通じて，人に意見を求めたり話し合ったりすることの大変さについて初めて気づいたとします（思考・認知の修正）。すると，日常の場面でも，他者に対していたわりの感情が生じてきます（感情の修正）。いたわりの感情が生じると，日常場面や話し合いに活発に参加するようになるのです（行動の変容）。

人とふれあう体験のなかでは，思考・感情・行動の3領域のいずれかが，拡大されたり修正されたりして，自分や他者についての発見が生まれます。それによって，よい意味での変化（人間的成長）が子どもたちに起こるのです。1人1人が人間的成長をすることで学級があたたかい雰囲気になり，不登校予防につながります。

3 SGE の学級での実施例

実際のエクササイズを簡単に紹介したいと思います。もっと詳しく知りたい方は，出典元である『エンカウンターで学級が変わる—小・中・

高編（図書文化）』や『構成的グループエンカウンター事典（図書文化）』の書籍を参照してください。不登校に関しては『エンカウンターで不登校対応が変わる（図書文化）』がお勧めです。また，SGE を実際に体験したい方は，NPO 日本教育カウンセラー協会の HP（http://www.jeca.gr.jp/）から，研修会の情報を得ることができます。

▨ 集団が変わるときのリレーションをつくる

「X 先生を知るイエス・ノークイズ」は，学級開きなど集団が変わるときに有効です。例えば「大友先生は空手の有段者です」「大友先生の趣味は映画鑑賞です」など，教師が子どもたちに自己紹介したいことをクイズ形式でいくつか出題し，「イエス／ノー」で子どもたちに答えてもらいます。教師への親しみが増し，緊張していた子どもたちの雰囲気がやわらかくなります。

「うし・うまじゃんけん」は，座席の近い子どもたちで行うとリレーションがつくれます。最初は隣同士，次に後ろの 2 人組などでエクササイズを行ううちに，学級の雰囲気が和んでいきます。

▨ 自己肯定感を高め，人間的成長を促す

「いいとこさがし」は，ある程度リレーションができた段階で行います。子どもたちにカードを配り，自分の名前を書き，ほかのグループに渡してもらいます。グループで相談して，友達 1 人 1 人のいいところを3 つ以上書いてもらい，さらにそのカードを違うグループと交換して，1 人につき 2 つ以上いいところをつけたしします。全員のカードを教室の壁に貼り，「いいところ探検」をします。

「気になる自画像」は，自分とメンバーにあてはまる言葉（例えば，冷静な，誠実な）を選び，選んだ言葉を伝え合います。最後に，選んでくれた言葉を見て，シェアリングします。

自分の新たなよさを発見することで，自己肯定感が高まります。また，友達のいいところを見つけたり，SGE の過程で，グループの凝集性が深まったり，エクササイズ後のシェアリングで自分と異なる考えにふれたりすることで，人間的成長の深まりにもつながります。

2 ソーシャルスキル教育(SSE)

1 SSE とは何か

　ソーシャルスキルとは，心地よい人間関係を形成したり，維持したりするための技術のことです。人間関係のよしあしは一般に個人の性格に原因が求められがちです。しかし，そうした考え方が，子どもへの個人攻撃につながるおそれがあります。いっぽう，ソーシャルスキルの発想では，人間関係がうまくいかないのは，人と上手につきあうための方法をまだ学んでいないか，あるいは不適切な方法を誤って学んでしまったためだと考えます。まだ学んでいないのなら新たに学べばよいし，誤って学んだのなら再学習すればよいのです。そのために開発された技法がソーシャルスキルトレーニング（SST）です。

　学校では，人間関係に課題がある子どもに対する個別や小集団でのSST に加えて，学級単位の集団SST が実施されています。これは学校や学級に所属するすべての子どもにソーシャルスキルの学習機会を意図的・計画的に提供することによって，発達途上で出合う対人関係上の課題に対処し得るスキルを開発・育成し，子どもが将来に向けてより適応的な社会生活を送れるようになることをめざす取組みです。その実施意図から，ソーシャルスキル教育（SSE）と呼ばれます（相川・佐藤，2006；小林，2005；國分ほか，1999；佐藤，2015；佐藤・相川，2005）。

　SSE では，学齢期において習得しておくことが望ましいもの，さらに教室をベースに集団で教えることができるという条件も考慮に入れた「基本ソーシャルスキル」が提案されています。これは子どもの人間関係において基本的かつ重要なもの，また将来を見通して基礎となるスキルです。具体的には，あいさつなどの基本的かかわりに関するスキル，あたたかい言葉かけなどの仲間関係を発展させるスキル，やさしい頼み

方などの主張スキルが含まれます。また，相手の様子から気持ちを理解したり，自分の不快な感情（ドキドキやイライラなど）と上手につきあったりするためのスキルが取り上げられることもあります。

2 なぜSSEが不登校予防につながるか

　子どものソーシャルスキルと不登校傾向との関係を示す研究結果が多数出ています。例えば，粕谷・河村（2002）は，ソーシャルスキルが不足している中学生は，学校生活において対人関係上の悩みを抱えやすく，学校を休みがちであることを報告しています。

　また，文部科学省・不登校生徒に関する追跡調査研究会（2014）は，中学校の不登校経験者に，卒業から5年を経てアンケート調査を実施しています（回答者1,604人）。その結果によると，当時の不登校に対しては，「行けばよかった」に37.8％，「しかたがなかった」に30.8％，「行かなくてよかった」に11.4％，「何とも思わない」に17.0％の回答がありました。この数値の解釈はさまざまでしょうが，不登校を後悔している人は少なくないといえます。

　そこで，不登校のきっかけを見てみると，「友人との関係（いやがらせやいじめ，けんかなど）」が52.9％と最も多く選択されていました。さらに，当時あればいいのにと思った支援については，「心の悩みについての相談」が32.0％と最も多く，「とくにない」（31.9％）を除けば，次いで「自分の気持ちをはっきり表現したり，人とうまくつきあったりするための方法についての指導」が30.7％と高い支持を得ていました。

　以上のように，研究知見からも，当事者の声からも，ソーシャルスキルの学習は不登校の予防につながると考えられます。

　ただし，これは一部の子どもだけの課題ではありません。学校は集団生活の場です。すべての子どもがソーシャルスキルを向上させれば，学校は居心地のよい，だれもが通いたくなる場になります。これをめざすのがSSEです。

SST・SSE の標準的展開

・目標スキルの決定

　子どもの実態から，学習目標となるスキルを決めます。

・インストラクション

　どんなスキルを学ぶのか。そのスキルを身につけるとどうなるのか。教師が子どもに話して聞かせたり，子どもと話し合ったりします。

・モデリング

　子どもにスキルのモデルを観察させます。教師がモデルを担うこともあれば，子ども同士で互いの振る舞いを観察し合うこともあります。

・リハーサル

　スキルの知識を頭の中で言語的に反復し，記憶の定着を図る言語リハーサルと，実際の行動を繰り返して練習する行動リハーサルがあります。行動リハーサルにはロールプレイやゲームを用います。

・フィードバック

　実行したスキルについて，どこがよかったか。どうすればもっとよくなるか。教師から伝えたり，子ども同士で伝え合ったりします。

・定着化

　学んだスキルが日常で実行されるように促します。例えば，①日常生活でスキルを実行する課題を与える，②学んだスキルを思い出すためのポスターを掲示する，③保護者に協力を求めて家庭でフィードバックを与えてもらう，などが考えられます。

SSE の実践例

　SSE の指導書は多数出版され，45分・50分の授業時間を用いて，上述の標準的展開に従いながら進める実践例が紹介されています。しかし，日常における子どもの行動を変化させるには，それらを単発で実施しただけでは不十分で，継続した取組みが求められます。そこで，ここではだれもが無理なく続けられるプログラムと，プログラムに含みやすいエクササイズを紹介します。

・Slimple（Slim & Simple）プログラム　　＊出典：曽山，2019

　名城大学の曽山和彦教授が提唱するプログラム（Slimpleとは Slim と Simple を合わせた造語）です。年間を通じ，週1回いつもの時間に（水曜5時間目終了後など学校で決める），短時間（10〜15分）のエクササイズ（アドジャン，二者択一，いいとこ四面鏡，質問ジャンケンなど）を繰り返す Slim な構成で，子どもも教師も負担なく続けられます。また，教師の力量で差が生じないよう，「ルール提示→デモンストレーション→演習→振り返り」という Simple な「型」が用意されています。さらに，ここで学んだスキルを活用する機会として授業にペア・グループ活動を組み込み，日常生活におけるスキルの定着を促します。ある中学校では，本プログラムにより「中1不登校ゼロ」という成果をあげました（最終的には年度末に不登校件数1をカウントと報告されています）。なお，本プログラムは SST を柱としながら，SGE（9章1節参照）の要素も含み，子どもの自他理解の深化と自尊感情の育成も重視されています。

・エクササイズ例「二者択一」　　＊出典：國分・片野，1996

①ルール（お願いします・ありがとうを言う，うなずいて聴く，指示をしっかり聴く，など）を確認する。（1分）

②二者択一の進め方の説明をする。（2分）

③4人組で，お題（例：田舎と都会，パンとごはんのどちらが好きかなど）に，1人ずつ「僕は○○が好きです。理由は△△だからです」と話してもらう。周りは「なるほど」「へぇ〜」と反応したり，うなずいたりしながら聴く。教師は，子どものあいさつ，うなずき，表情などのスキルを価値づけ，評価する（例：うなずき名人が増えてきたぞ）。（2分）

④お題について自由に話し，聴き合う。教師は，「自分や相手のことが少しでもわかるといいね」などと伝える。（3分）

⑤振り返りシート（例：今日の活動が楽しかったか，あいさつや聴き方，うなずきはどうだったか，感想）に記入してもらう。（2分）

3 アサーション

1 アサーションとは何か

　アサーションとは,「自他尊重の自己表現」であり（平木, 2015),「自分の考え, 欲求, 気持ちなどを率直に, 正直に, その場の状況にあった適切な方法で表現すること」（平木, 1993）です。それは, 自分の思いを大切にして「伝える」と同時に, 相手を尊重し, 気持ちや立場を考えて, 相手の思いを大切にして「聴く」ことです。つまり, 一方的な偏りのある人間関係ではなく,「平等な人間関係を促進する技術」（Alberti & Emmons, 2009）です。したがって, アサーションを用いることでよりよい人間関係づくりが可能になります。

　アサーションは, アメリカで 1950 年代に生まれた概念で, 本来,「主張」「断言」などの意味があります。対人関係に悩む人や, 自己表現が苦手で社会的場面を避ける人などの治療法でした。1960 年代以降の人種差別撤廃運動や女性解放運動などの「基本的人権をめぐる社会的・文化的運動」が契機となって広く知られるようになりました。

　「自己表現」「自己主張」というと, こちらが相手に向けて何をどのように話すかに関心が向きますが, アサーションで大切なことは自他尊重です。ですから,「相手の話をよく聴く」ことが大切な要素です。学校において信頼されるのは, おもしろい話をする友達と考えるかもしれませんが, 相手の話をしっかりと聴いて, 言いたいことや気持ちを理解してくれる友達のほうが信頼されるものです。この点を十分に理解したいと思います。

　ちなみに, アサーション（assertion）とアサーティブネス（assertiveness）は, いずれもアサーティブ（assertive）の名詞形で意味は同じです。

2 なぜアサーションが不登校予防につながるか

　不登校は人間関係に起因することが多いと思われます。子どもにとって，学校では，対教師，対クラスメイトという人間関係が生じます。これらの人間関係に子どもがアサーションを用いることで，よりよい人間関係を築くことができ，不登校の予防につながります。また，教師がアサーションを用いることで，教師自身が子どもの不登校の原因にならないようにすることができます。

■ 子どもにとってのアサーション

　子ども同士では，自分の気持ちや考えを相手にうまく伝えられないことがあり，誤解が生じてトラブルに発展しやすいです。うまく伝えられないのは，言いたいことが明確になっていないことや，用いた表現が不適切であるなどの理由が考えられます。話をしたら相手を怒らせてしまったなどのトラブル体験が積み重なり，不登校になるケースは少なくありません。クラスメイトとの交流では，よりよい関係を築ける場合もあれば，関係を悪化させてしまう場合もあるのです。しかしアサーションを用いることで，言いたいことが明確になり，適切な表現で伝えることができます。そして，よりよい関係を築くことが可能になり，自他尊重の姿勢から「私も大切にされている」と認識できて不登校傾向が低減します。

■ 教師にとってのアサーション

　教師がアサーションを身につけることで，教師自身が子どもの不登校傾向を高める言動をとる可能性を下げることができます。例えば，アサーションを心がけることで対等な人間関係を意識して，子どもを頭ごなしに注意したり叱ったりしなくなります。そして，そのような指導行動の変容により，子どもは「先生に聴いてもらえている，わかってもらえている」という気持ちになり，子どもの不登校傾向が低減するのです。

　また，教師がアサーションを用いると，それが子どものアサーションのモデルになり，学級内の交流がアサーティブになります。なぜなら，子どもは教師の交流スタイルの影響を受けるからです。

　アサーションを知識やスキルとして学ぶだけでなく，学級内の交流の型として定着させることで不登校予防につながります。

▨ 3つの自己表現を知る

　初めに，アサーションに関する知識として「3つの自己表現」について知ることが，子どもにも教師にも有効です。

①ノン・アサーティブ：自己否定的，相手に従う。ことなかれ主義。
②アグレッシブ：攻撃的で自分が優位に立つ。自己中心的，一方的。
③アサーティブ：自他尊重，中立的，自分で意思決定，公正。

　ノン・アサーティブも，アグレッシブも，自己表現としては不十分です。不登校傾向の子どもにはノン・アサーティブな傾向があり，また，指導性が強い状況の教師にはアグレッシブな傾向があります。

　小学生に対して3つの自己表現を説明する際に，鈴木（2002）は，藤子・F・不二雄の「ドラえもん」のキャラクターを用いています。自分の考えを伝えられずに言いなりになる「のび太」はノン・アサーティブ，威圧的に相手を自分に従わせようとする「ジャイアン」はアグレッシブ，自分の考えを上手に表現し，思いのまま行動できる「しずかちゃん」はアサーティブのモデルです。例えば，アクティブラーニングでは，子ども同士の交流場面がありますので，そこでキャラクターをイメージさせて，アサーションを意識した発言を促したり，アサーションできているかをチェックしたりします（鈴木，2002）。

　また，アサーションには非言語的な要素も含まれます。すでに小学校や幼稚園で実施されているように，「相手に体を向けて話を聴く」や「みんなに聞こえる声の大きさで話す」，「みんなと同程度の時間で発言する」などの取組みは，とても有効なアサーションの訓練です。このように日常の学校生活の中で般化させることでアサーションが定着し，しだいに学級の交流の型になるのです。

▨ 教師がアサーションのモデルになる

　アサーションは，あいさつ場面や普段のさりげない会話などのほか，

授業や指導場面のさまざまな状況で用いることができます。

・あいさつに気持ちをプラスする

「ありがとう」「うれしい」などの勇気づけの言葉に，個人的な話を加えます。例えば，「おはよう！　朝から晴れて，気持ちいいね。いい日にしたいね」「久しぶりに会えてうれしいよ。待っていたよ。一緒に勉強しようね！」のように，あいさつを先に，教師から心を開いて気持ちを伝えるのです。教師の自己開示によって，あいさつだけ交わすよりも心理的な距離が近づき，よりよい人間関係づくりができます。

・セリフづくりのDESC法を用いて子どもの主体性をはぐくむ

子どもの行動を指導しなければならない状況として，例えば，「授業中に私語がある」「休み時間に子ども同士のトラブルが起こった」などがあります。その場合には問題解決のセリフづくりのDESC法（デスク法）が参考になります（D = describe：描写する，E = express, explain, empathize：表現する，説明する，共感する，S = specify：特定の提案をする，C = choose：選択する）。これらをセリフに入れることで問題解決が促進され，学習時間を確保することができます。

例えば，授業中の私語を注意する場面では，「私はみなさんが理解しやすいようにと思って説明しています。そのときに私語をされると」（事実の描写），「残念ですし，私語が気になって説明しにくいです」（表現），「だから私語をやめてほしいです」（提案），「（イエスの場合）ありがとう，では説明を続けます」，「（ノーの場合）では，一度，廊下に出て話をしてから戻ってください」というようなセリフになります。

教育には指導が必要です。しかし，すべてを指導したのでは，子どもの主体性ははぐくまれません。DESC法では，Eで教師の気持ちを表現し，Sで子どもにとってほしい行動を，強要するのではなく提案します。提案に対して子どもが「イエス／ノー」を選択でき，Cでは，「ノー」の場合の対応も考えます。つまり，行動を決めるのは子どもであると考えるのです。DESC法を用いることで，子どもが自ら考えて行動するようになって主体性がはぐくまれ，不登校傾向の低減につながります。

4 ピアサポート

1 ピアサポートとは何か

ピアサポートとは，仲間を思いやり，支え合う活動（サポート活動）を通して，思いやりを行動で示せる子どもを育て，学校全体に支持的風土を醸成し，思いやりあふれる学校コミュニティを創造していく活動です。ピアとは，年齢を問わず同じコミュニティにいる仲間を指し，友達だけではなく，交流のある先輩や後輩，地域の大人なども含まれます。

ただサポート活動をするだけでなく，トレーニングで，子どもに他者への関心や共感性を涵養し，思いやりを行動で示す方法を学ばせ，具体的なサポートプランを立てさせ，そのプランに基づいて実際のサポート活動に取り組み，活動後には，サポーター同士で振り返りや価値づけを行う，というように一連の流れを円環的に展開します（図9-1参照）。

ピアサポートは，「だれもが成長する力・自分で解決していく力を

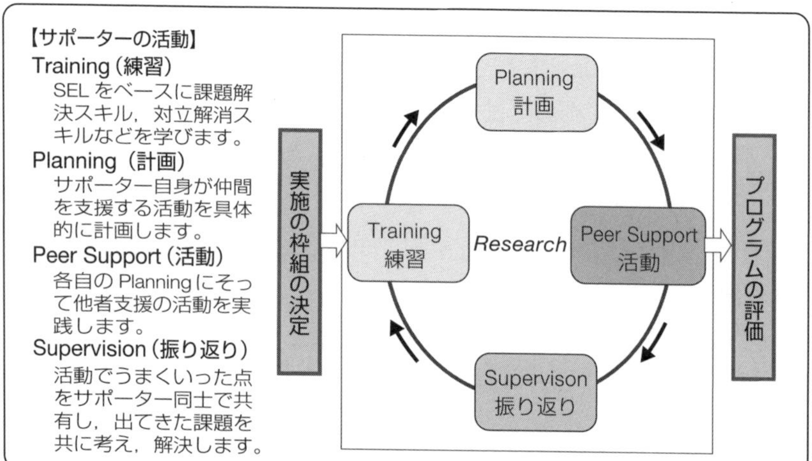

【サポーターの活動】
Training（練習）
　SELをベースに課題解決スキル，対立解消スキルなどを学びます。
Planning（計画）
　サポーター自身が仲間を支援する活動を具体的に計画します。
Peer Support（活動）
　各自のPlanningにそって他者支援の活動を実践します。
Supervision（振り返り）
　活動でうまくいった点をサポーター同士で共有し，出てきた課題を共に考え，解決します。

実施の枠組の決定 → Training 練習　Research　Planning 計画　Peer Support 活動　Supervison 振り返り → プログラムの評価

図9-1　ピアサポートプログラムの構造
出典：日本ピア・サポート学会（2016）をもとに筆者が作成

もっている」という人間尊重の精神と「人は実際に人を支援する相互援助の人間関係の中で成長する」という考えをベースにしています。ピアサポートの活動や感謝される経験を積み重ねることで，子どもの中に「人の役に立てる喜び」や「だれかに必要とされることへの自信」が高まり，サポーティブな行動を強化します。そしてその感覚が，社会に貢献したいという思いをはぐくみ，主体的に行動する力につながるのです。

2 なぜピアサポートが不登校の予防につながるか

▨ 思いやりを学び行動化する方法を学ぶ

　思いやりの大切さを指導してもうまく伝わらず，周囲の状況に気づけない子や無関心な子が増えたと感じる方も多いのではないでしょうか。

　ピアサポートでは，トレーニングで他者への関心や自他理解，非言語理解などを学びます。それにより隣の席の子の変化に気づき，「元気ないね。どうしたの？」と声をかけたり，人を見た目で判断せず，だれとでもかかわれるようになったり，つらい思いをしているクラスメイトにそっと寄り添ったりできるようになっていきます。このようにピアサポートは，悩んでいる友達に気づき，自ら声をかけ，手を差し伸べられる子どもを育てるアプローチです。子どもの世界の出来事を一番知っているのは子どもです。つまり学級の人間関係の危機や課題にいち早く気づける子どもこそが，不登校の予防の鍵を握っているのです。

▨ 自分たちの問題を自分たちで解決する方法を学ぶ

　トレーニングでは，最終的に困りごとの課題解決や，けんか・トラブルなどの対立解決の具体的なスキルを体験的に学ぶことを重視しています（図9-2参照）。課題解決・対立解決スキルを学ぶと，対立の原理を理解し，それまでひんぱんに起きていたけんかが減ったり，トラブルが起きても深刻化する前に子ども同士で解決したりできるようになります。

▨ 不登校傾向の子ども自身が成長する

　他者への信頼感が希薄だったり，自己防衛的で他者とのかかわりを回避しがちだったりする子どもは，周囲と安定した関係を築けず，学校生

活に苦慮しがちです。ピアサポートの豊かな情緒交流によって健康で安定したパーソナリティの形成やレジリエンス（回復力）の向上が期待でき，不登校傾向の子どもの成長につながります。実際，筆者に「もっとはやくこの方法を教えてほしかった。そうしたら，僕の中学校生活は違っていたと思う」と語ってくれた不登校の子どもがいました。

３ ピアサポートの具体的な取組み

意図的な枠組をもつ

　日本では係活動や委員会活動が教育活動に位置づけられ，最近では異学年や小・中連携などの交流活動も盛んです。しかしただ活動するだけではピアサポートとはいえず，十分な効果が期待できません。特に不登校の子どもへの支援では，教師の思いが先行し，子どもの思いをおき去りにして，声かけやサポートをさせる乱暴な例もあります。不登校状態を悪化させ，双方の子どもを傷ける危険なやり方です。ピアサポートは，図9-1のように，トレーニングと活動の往還が大切です。どんなニーズに基づきどんな活動をさせたいか，どの範囲（時間・場所・対象など）で取り組ませるか，子どもが考えたプランをどこまで許容するかなど，実施前に教師が意図的な枠組をもつことで，効果が出ます。

動機づけを図る

　ピアサポートでは，子どもの「人を支援すること」への動機づけを高め，サポート活動への意欲の向上をめざします。これまで自分が受けてきたサポートを振り返ることで，「だれもが支えられていまの自分がある」「サポートは小さくてもいい」と気づかせます。また，「関心をもってくれた・気づいてくれた・理解してもらえた」という思いが，人を勇気づけ，人を支えることにつながると気づかせることが大切です。この気づきは，まさにピアサポートの精神といえ，学級集団からドロップアウトしそうな仲間を支える行動につながるポイントともいえます。

トレーニングの実際

　ピアサポートで行うトレーニングは，集団の相互作用を積極的に活用

した演習が中心となるため，本書でも紹介される SST や SEL などの心理教育プログラムと類似しています。しかし，SST や SEL がスキルトレーニングを通じて自己成長を目的としているとするならば，ピアサポートは，サポート活動を通じた相互成長を目的としています。そのため，トレーニングの後に実際に行うサポート活動を重視して，人の気持ちを理解し，サポートを提供するための基本的なスキルと意欲の育成に焦点を絞ったトレーニングを構成します。トレーニングには，図 9-2 のように，順番があることを踏まえて，プログラムが構成されます。

▨ サポート活動の実際

ニーズに応じてプランを立てるサポート活動は多岐にわたります。導入に際し，多忙化につながると思われがちですが，心配無用です。新たな活動を計画しなくとも，学校行事や委員会活動，ボランティア活動，職場体験活動，縦割り遠足など，既存の活動をピアサポートの枠組で捉え直して，実施可能なためです（教師も子どもも活動をイメージしやすく，予測される危機への対応やそのためのトレーニングを組み込むことができ，リスクマネジメントになるため，より効果的に進められます）。

活動には，生徒会などの組織のメンバーや，募集したメンバーなど，一部のピアサポーターによる活動にする方法と，学級，学年，学校など集団全員をピアサポーターとして活動する方法があります。一部で行う場合，昼休みや放課後，長期休業日などの時間を活用でき，学校など全体で行う場合，総合的な学習の時間，特別の教科道徳，特別活動，学校行事などの時間を活用し，教育課程に位置づけた組織的な推進が可能です。学校や教師，子どもの実態に応じて進めるとよいでしょう。

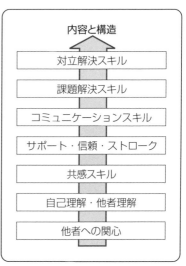

図9-2 トレーニングの内容と構造
出典：日本ピア・サポート学会 (2016)

5 社会性と情動の学習 (SEL)

1 SEL とは何か

　社会性と情動の学習（SEL）は，「自己の捉え方と他者との関わり方を基礎とした，社会性（対人関係）に関するスキル，態度，価値観を身につける学習」（小泉，2011）であり，感情の認知や管理の能力，他者への思いやりや気遣いの育成，責任ある意思決定，前向きな対人関係の構築，困難な状況の効果的な対処などの社会性や感情機能を，状況に応じて適切に活用できる能力を育成することをねらいとする，心理教育プログラムの総称です（CASEL, 2003）。学級集団で行われるソーシャルスキルトレーニング（9章2節参照）やアサーショントレーニング（9章3節参照）なども SEL に含まれる活動と考えられています（小泉，2016）。

▨ SEL の実践効果

　SEL の実践効果を，メタ分析という手法を用いて検討した Durlak ほか（2011）によると，SEL を実施することで社会的・感情的スキルの向上，自己と他者および学校に対する態度の改善，向社会的行動の改善，問題行動および攻撃行動の減少，情緒的な問題の改善，そして学力の向上などの効果が示されています。

▨ SEL の実践状況

　現在アメリカやイギリスを中心に多くの国々で SEL プログラムが開発・実践されており，アジア諸国では，シンガポールや香港などで関連する実践が進んでいます。日本でも，SEL - 8S（小泉・山田，2011a, 2011b）や TOP SELF（山崎ほか，2011）といった日本独自の SEL プログラムが開発され，小・中学校を中心に少しずつ広がりを見せています。

2 なぜ SEL は不登校予防につながるか

　不登校について小林（2003）は，「不快な出来事によって生じた不快感を解消することも自力で解決することもできず，周囲からその苦境を支えてもらえていないと感じた時に不登校が開始される」と述べています。このことから，不登校の予防には，不快な出来事に対して，感情に翻弄された衝動的な行動をとらないように自分の感情を適切にコントロールすることと，周囲に支えてもらえるよう，良好な人間関係を構築・維持することが重要であるとわかります。

　不快な出来事は，多少なりともすべての子どもが経験することです。こうした出来事すべてを自力で対処できる強い人間を育てることは現実的ではありません。そのため教師は，不登校予防として，不快な出来事に対し，学級の友達同士が共に支え合う力を身につけられるよう，サポートすることが大切です。

　不登校予防としてめざすべきゴールは，思い悩んでいる学級の友達に対して「大丈夫？」と声をかけることのできる子どもを育てることです。思い悩んでいる友達に声をかけるためには，他者の気持ちに共感できなければいけません。また，どのように声をかけたらよいのか，自分の気持ちを落ち着かせて考える必要があります。さらに，相手の目を見て優しく声をかけるなどの対人的なスキルおよび，「あなたのことを心配している」という自分の感情を表現する力も求められます。

　SEL では，自己感情のコントロールや他者の感情理解などの，感情機能を含めた対人関係能力の育成を幅広く行っています。つまり，SEL の実践によって，自分自身の感情を上手にコントロールし，他者を思いやるあたたかい学級づくりが可能となり，不登校予防につながると考えられます。

3 学級での実践例

　小・中学校では，特別活動（学級活動）の時間を中心に SEL の実践が行われています。そのほかにも，総合的な学習の時間や体育・保健体

育などの時間でも，教科の内容に即した実践例があります。

SEL の学習内容には，感情の理解，コントロール，表現を含む社会的スキル，問題解決スキルなど，社会性と感情機能に関するさまざまなスキルがあります。今回は特に，感情機能の育成に関する実践例を2つ紹介します。

🔲 他者感情を知るヒント

1つめは，他者の感情理解を育成する活動として，「他者感情を知るヒント」を紹介します。

活動では，まず他者感情を理解するためには，何が手がかりとなるのかについて確認を行います。1枚の写真や絵などの静止画や動画・劇などを見せて，何を見たら登場人物の気持ちを予想できるのかについて考え，重要な手がかりとしていくつかのポイントを取り上げます。SEL-8S（小泉・山田，2011a）では，「しぐさ，顔の表情，声の様子，周りの様子」の4つがまとめられています。

これらのポイントを確認した後，実際にポイントを用いた練習を行います。登場人物の，ある一場面を切り取った絵を見せ，どのような感情でいるのかを子どもに考えてもらいます。絵は，登場人物の表情が描かれていないものを用い，周りの様子から感情を推測する練習をします。

その後，さらに練習を行います。4～5名のグループをつくって，1人に出題者となってもらいます。出題者は感情が書かれたカードの束の中から1枚選択し，カードに書かれた感情を表現します。その際，感情を表す言葉を直接表現せず，表情やしぐさ，声の様子などを使って表現するようにします。グループ内で出題者を変えて，同様に複数回繰り返します。こうした活動を通して，他者の感情理解のための手がかりを知るとともに，手がかりから感情を推測する力が育つことが期待されます。

🔲 自己感情のコントロール

2つめは，自己感情をコントロールする力を育てるための「気持ちの温度計」という活動を紹介します。この活動では，自分の感情をコント

ロールするために重要な，自己感情の強さの理解をねらいとしています。この活動でよく扱われる感情は怒りや不安です。今回はその中から，怒りについて取りあげます。

　活動では，少しイラッとする状態を10℃，少しムカッとする状態を40℃，ムカムカッと怒っている状態を70℃，激怒している状態を100℃というように，感情の強さを温度計に例えて考えます。子どもの実態に応じて，感情のレベルを3～10段階に調整することができますが，通常，小学校では3段階，中学校では3～5段階に設定されます。

　自己の感情は目に見えないため，コントロールするには，自分の心や体の内側で起きている変化に気づく必要があります。そこで，各段階の怒りを感じたときに自分で気づくことができる心と体の特徴について考えます。例えば，心拍が上がる，肩に力が入る，奥歯をかみしめる，ため息が出るなどです。これにより，自己の感情をコントロールする必要が生じる70℃前後のサインに気づくことができます。

　さらに，自分が怒りを感じやすい状況についても，これまでの経験を振り返って考えます。自分の怒りやすい状況を知ることで，事前の対処（近づかないようにする，深呼吸して気持ちを落ち着かせるなど）ができるようになります。

　これらの活動によって自分の感情をコントロールするうえで重要な自己理解を深めることができます。加えて，活動をグループや学級全体で行い，内容を共有することで，同じ状況であっても人によって自分とは感じ方が異なることを知ることができ，他者の感情理解にもつながります。

　この活動は，特別活動のほかに，体育・保健体育における保健分野の「不安や悩みへの対処の知識及び技能」（小学校），「欲求やストレスの心身への影響と欲求やストレスへの対処の知識及び技能」（中学校）の内容として扱うこともできます。

6 コロナ禍での グループアプローチの工夫

❶ 物理的な接触が制限されても，精神的な接触は無限大

　新型コロナウイルスの流行に伴い，全国で休校が相次ぎ，筆者の暮らす北海道でも，2020年2月末に突然休校となりました。約3か月間，子どもたちは不安を抱えながら友達に会えない日々を過ごしました。

　筆者の学校では，3月の分散登校時に，学級の仲間に「ありがとうのメッセージ」を書く取組みを急遽行いました。全員で集まれないなか，新しい年度に向け，気持ちを切りかえる区切りとなり，友達のあたたかな言葉にふれることで自分の成長を感じてもらうことができました。

　新年度の分散登校時，感染対策をしながら「あわせアドジャン」「サイコロトーキング」を行った学校では，子どもたちの笑顔を見ることができたようです。オンライン環境が整っていた学校では，オンライン機能を活用し，「X先生を知るイエス・ノークイズ」など，さまざまな構成的グループエンカウンター（SGE）を行っています（北海道教育カウンセラー協会ホームページ https://www2.hp-ez.com/hp/hkk/ に掲載）。

　このように，休校により教室に集まれなかったり，感染予防のためにソーシャルディスタンスをとることが求められたり，物理的な接触のむずかしい状況でも，ふれあいの機会をもつことは可能なのです。

❷ 人間関係を構築しにくいいまこそ，グループアプローチを

　休校が続き，子どもたちは「新型コロナウイルスに感染しないだろうか」「新しい学級になじめるだろうか」「勉強についていけるだろうか」と大きな不安感や孤独感，焦燥感，無力感などを抱えています。これらを乗り越えるには，保護者の協力はもちろん，友達と語り，思いを共有し合うことが大きな力になります。

休校前から登校状態がよくなかった子どもや，休校中に生活リズムが乱れてしまった子どもにとって，休校明けの登校はハードルの高いものです。子ども同士のふれあいは「学校に行ったら楽しかった」「友達とたくさん話すことができた」など，明日も学校に行きたいと思う力を与えてくれます。教師は，授業や学校生活の遅れを取り戻そうと焦りがちですが，こういうときだからこそ，子どもたちの出会いと関係づくりをていねいにしていきたいものです。

3 感染対策に配慮してグループアプローチを行うときの留意点

対面でのグループアプローチでは，マスクの着用，換気，手洗い，咳エチケット，発話の抑制，三密や物品の共有を避けることなど，感染対策に十分気をつけることが基本です。

ここでは，オンラインで行うときの留意点を簡単に紹介します。

▨ セキュリティを徹底する（安全・安心をつくる）

オンラインでは，通常のグループアプローチと同様の心理的安心に加え，セキュリティ面での安全を保証することが話しやすさにつながります。パスワードなど，基本的な安全対策はしっかり行いましょう。

▨ グループ討議にはリーダーをあらかじめ決めておく

オンラインでグループに分かれて討議する際，話すタイミングがわからずに画面を見合ったまま沈黙が続くことがあります。グループ内の進行役をあらかじめ決めておくと，スムーズになります。

▨ グループに分かれる前にデモンストレーションをする

グループに分かれてしまうと，何をするのか先生や友達に聞くことができなくなるのも，オンラインの特徴です。デモンストレーションで実際にやって見せることで，グループで行うことが明確になります。

▨ 休憩時間をしっかりとる

オンライン環境は対面より疲れます。同じ姿勢で聞き続け，たくさんの視線に注視し続けられることの負担が大きいようです。50分実施したら10分休憩するなど，短い時間でも休息をとることが大切です。

X 先生を知るイエス・ノークイズ（オンライン版）

授業者	学級担任・教科担任
対象者	小学生〜高校生
実施場面	子どもとかかわりはじめる早い時期
ねらい	教師の自己開示により，子どもとのリレーションづくりのきっかけとすると同時に，小グループでの話し合いで子ども同士のリレーションをつくる。リレーションをつくることで，子どもの援助希求を助ける。
出典	構成的グループエンカウンター事典 pp.340-341
活用ツール	オンラインビデオ会議アプリ　Zoom
作成上の留意点	画面に文字を映し，視覚・聴覚の両方からクイズを確認できるよう留意。解答時も視覚情報（画面共有）を活用。
時間	30分程度
流れ	①画面共有してインストラクション 「これから自己紹介代わりに何問かのクイズをします」「グループで相談してイエス／ノーの答えを決めます」 ②デモンストレーション オンライン機器の操作法確認も含め，練習問題を行う。 ③エクササイズ 小グループでは「今日を基準に誕生日が早い順から話し始めてください」のように，自己開示も促しつつ，順番をはっきり指示して進める。 ④シェアリング グループ内で「感じたこと・気づいたこと」を自分の言葉で話すよう指示する。深さは求めない。
実施の際の配慮・工夫	実施時期にこだわらず，授業の初めに短時間で1問ずつ実施するなど，方法を工夫することもできる。その中で，事実→感情→価値観など質問内容を深めていく。

あわせアドジャン（感染症対策版）

授業者	学級担任・教科担任
対象者	小学生～高校生
実施場面	授業の開始時，グループ活動の前
ねらい	グループのリレーションを高めることや，教師とのリレーションをつくる。リレーションができることで安全・安心が確保でき，居場所づくりになる。
出典	構成的グループエンカウンター事典 pp.372-373
時間	10分程度
流れ	①インストラクション 「これからみんなの気持ちを合わせるエクササイズをします。先生のかけ声に合わせ，片手を上に上げ，指で，1から5までの数字を出します。話したり，同じ数字を続けて出したりしてはいけません」 ②デモンストレーション 「では，先生と試してみましょう」と言って，練習する。 ③エクササイズ ペア，小グループ，対教師などで本番を実施する。 ④シェアリング 実施したグループ内で，合わせることができたときにどう感じたかなど，焦点を絞ってシェアリング。
実施の際の配慮事項	全員マスク着用，向かい合わないよう前を向いて手を高く上げることで数字を確認させる，かけ声を言わせない（教師のみが言う），など感染予防に留意しながら行う。
実施方法の工夫	小グループで全員の数字を合わせる方法のほかにも，ペアでたし算の練習としたり，教師対子ども全員の形式にしたりとバリエーションをつくることができる。

◆引用・参考文献（9章）——————————————————————

〈1節〉
・國分康孝監修（1996）『エンカウンターで学級が変わる小学校編／中学校編』図書文化
・國分康孝監修（1999）『エンカウンターで学級が変わる高等学校編』図書文化
・國分康孝・國分久子総編集（2004）『構成的グループエンカウンター事典』図書文化
・國分康孝・國分久子総編集（2004）『エンカウンターで学級が変わる』図書文化
・國分康孝・國分久子監修，片野智治編集代表（2019）『エンカウンターで不登校対応が変わる』図書文化
・大友秀人・水上和夫（2019）『エンカウンターに学ぶグループ学習10のスキル』図書文化

〈2節〉
・相川充・佐藤正二編（2006）『実践！ソーシャルスキル教育 中学校―対人関係能力を育てる授業の最前線―』図書文化
・粕谷貴志・河村茂雄（2002）「学校生活満足度尺度を用いた学校不適応のアセスメントと介入の視点―学校生活満足度尺度と欠席行動との関連および学校不適応の臨床像の検討―」カウンセリング研究, 35, 116-123.
・小林正幸（2005）『先生のためのやさしいソーシャルスキル教育』ほんの森出版
・國分康孝監修・片野智治編（1996）『エンカウンターで学級が変わる 中学校編―グループ体験を生かしたふれあいの学級づくり―』図書文化
・國分康孝監修・小林正幸・相川充編著（1999）『ソーシャルスキル教育で子どもが変わる 小学校―楽しく身につく学級生活の基礎・基本―』図書文化
・文部科学省・不登校生徒に関する追跡調査研究会（2014）「不登校に関する実態調査―平成18年度不登校生徒に関する追跡調査報告書―」 https://www.mext.go.jp/a_menu/shotou/seitoshidou/1349949.htm（2020年4月16日閲覧）
・佐藤正二編（2015）『実践！ソーシャルスキル教育 幼稚園・保育園』図書文化
・佐藤正二・相川充編（2005）『実践！ソーシャルスキル教育 小学校編―対人関係能力を育てる授業の最前線―』図書文化
・曽山和彦（2019）『誰でもできる！ 中1ギャップ解消法』教育開発研究所

〈3節〉
・Alberti,R.E.&Emmons,M.L.（菅沼憲治・ジャレット純子訳）（2009）.『自己主張トレーニング 改定新版』 東京図書
・平木典子（1993）『アサーショントレーニング―さわやかな＜自己表現＞のために―』日本・精神技術研究所
・平木典子（2015）『アサーションの心―自分も相手も大切にするコミュニケーション―』朝日新聞出版
・鈴木教夫（2002）「小学校におけるアサーション・トレーニング②「ドラえもん」からアサーティブな表現を学ぶ」園田雅代・中釜洋子・沢崎俊之編著（2002）『教

師のためのアサーション』金子書房

〈4 節〉

・日本ピア・サポート学会監修（2016）『トレーナー養成標準プログラムテキストブック Version3』

・栗原慎二編著（2017）『マルチレベルアプローチ　だれもが行きたくなる学校づくり　日本版包括的生徒指導の理論と実践』ほんの森出版，68-73

〈5 節〉

・CASEL（2003）. *Safe and Sound: An educational leader's guide to evidence-based Social and Emotional Learning (SEL) programs.* Chicago: Author.

・Durlak, J.A., Weissberg, R.P., Dymnicki, A.B., Taylor, R.D., & Schellinger, K.B. (2011). The impact of enhancing students' Social and Emotional Learning: A meta-analysis of school-based universal interventions. *Child Development*, 82, 405-432.

・小林正幸（2003）『不登校児の理解と援助 ― 問題解決と予防のコツ ―』金剛出版

・小泉令三（2011）『社会性と情動の学習（SEL-8S）の導入と実践』ミネルヴァ書房

・小泉令三（2016）「社会性と情動の学習（SEL）の実施と持続に向けて―アンカーポイント植え込み法の適用―」教育心理学年報，55，203-217.

・小泉令三・山田洋平（2011a）『社会性と情動の学習（SEL-8S）の進め方―小学校編―』ミネルヴァ書房

・小泉令三・山田洋平（2011b）『社会性と情動の学習（SEL-8S）の進め方―中学校編―』ミネルヴァ書房

・山崎勝之・佐々木恵・内田香奈子・勝間理沙・松本有貴（2011）「予防教育科学におけるベース総合教育とオプショナル教育」鳴門教育大学研究紀要，26，1-19.

〈6 節〉

・國分康孝・國分久子総編集（2004）『構成的グループエンカウンター事典』図書文化

あとがき

　いま，不登校は根本から見直されるべき時期に来ているかもしれません。

　1つは教育機会の平等を巡る問題です。学校に来られない子どもにも，教育の機会を保障しなくてはなりません。そうすると，学校以外にもさまざまな形で学びの場が提供されるべきということになります。これまで教育相談に熱心に取り組んできた教師から見るならば，「子どもたちの学校復帰を早々にあきらめてよい」というニュアンスに受けとめられることがあります。

　もう1つは新型コロナウイルスを巡る問題です。コロナで子どもたちは，「強制的不登校」とでも言うべき状態になりました。学校に来る意欲の有無にかかわらず，ステイホームを余儀なくされたのです。そこで問われたのは，「ステイホームを続ける子どもたちにどうやって教育の機会を提供するか」ということです。また分散登校を行う期間中，多くの学校では，子どもたちの欠席や遅刻に寛容な姿勢をとりました。

　これら2つのことが問うのは，「子どもたちが学びを行ううえで，集団で同じ時間に学校に通い，一斉に授業を受けることはマストなのか」ということです。いま，多くのビジネスパーソンが，在宅勤務を続ける中で，「果たして，毎日通勤電車に揺られて会社に通うことに意味があるのか」と疑い始めています。同様に，家で学習ができるのならば，学校に足を運ぶことが本当に必要なのか，問い直されているのです。

　こうした風潮は世界的に加速しています。日本においてもホームエデュケーションの流れが加速し，「学校に通わないこと」（不登校）がそれほど問題にならないときが来るかもしれません。私には，コロナがなくても起こり得た未来が，コロナによって20年くらい前倒しされたように思えてなりません。不登校支援にかかわる私たちは，いま，「学校へ通うこと」の意味をあらためて本気で考えなくてはなりません。

明治大学教授　**諸富祥彦**

本書は「教育エクレ」シリーズの第2弾です。「エクレ」とは，折衷主義（eclecticism）の略で，問題解決のために，1つの考えにとらわれず，さまざまな理論を活用していく姿勢のことです。本書は新型コロナウイルスが流行中の2020（令和2）年10月に発刊されましたが，だれもが予想しなかったコロナ禍にあって，この折衷主義の考え方は多くの教育者に勇気を与えると思います。

　問題（プロブレム）を課題（タスク）に変えていくというのが，教育カウンセリングのエッセンスです。不登校を問題と捉えるのではなく，課題として捉えていく姿勢が本書には貫かれています。ぜひ本書を不登校の予防や支援に役立てていただきたいです。

　編著者の諸富先生と会沢先生には，私が現職教員派遣でお世話になった，筑波大学大学院時代に出会いました。年齢としては私が年上ですが，諸富先生が博士課程，会沢先生が修士課程の先輩でした。古き仲間とこうして一緒に仕事ができて，ほんとうにうれしい限りです。

　本書の発刊にあたり，図書文化社の渡辺佐恵さん，加藤千絵さんに多くのアドバイスをいただきました。また，図書文化社の福富泉社長には，このシリーズの後押しをしていただきました。編著者を代表して，みなさまのお力添えとご理解に深く感謝申し上げます。

　令和の時代に教育カウンセリングに期待されていることは，「ふれあいは人を癒す」ということであり，それはコロナ禍においても変わりありません。まずは，われわれ1人1人が「元気アップ，スキルアップ」して，仲間を増やし，子どもたちや保護者を巻き込みながら，教育カウンセリングで教育現場を元気にしていきたいと思います。

　本書が多くの教師の方々の力になることを願っています。

NPO 日本教育カウンセラー協会副会長

北海商科大学教授　**大友秀人**

編著者一覧（2020 年 9 月現在）

会沢信彦（あいざわ のぶひこ）6 章 6
文教大学教育学部教授，発達教育課程長。筑波大学卒業，同大学院修士課程修了。立
正大学大学院博士課程満期退学。NPO 日本教育カウンセラー協会理事。日本スクー
ルカウンセリング推進協議会理事。日本学校心理士会常任幹事。日本生徒指導学会常
任理事。上級教育カウンセラー，ガイダンスカウンセラー，学校心理士スーパーバイ
ザー。おもな著書：『今日から始める学級担任のためのアドラー心理学』（編著）（図書
文化），『学級経営力を高める教育相談のワザ 13』（共編著）『アドラー心理学を活か
した学級づくり』（編著）（以上，学事出版），『教育相談の理論と方法』（編著）（北樹出
版）ほか多数。

諸富祥彦（もろとみ よしひこ）序章，5 章 1
明治大学文学部教授。筑波大学卒業，同大学院博士課程修了。博士（教育学）。教師
を支える会代表。気づきと学びの心理学研究会アウエアネス代表。日本トランスパー
ソナル学会会長。NPO 日本教育カウンセラー協会理事。臨床心理士，公認心理師，
上級教育カウンセラー，ガイダンスカウンセラー，学校心理士スーパーバイザー。お
もな著書：『いい教師の条件』（SB 新書）『教師の悩み』（ワニブックス新書）『教師
の資質』（朝日新書）『教師が使えるカウンセリングテクニック 80』『教師の自己成長
と教育カウンセリング』『教師の悩みとメンタルヘルス』（以上，図書文化），ほか約
250 冊。

大友秀人（おおとも ひでと）8 章，コラム，9 章 1
北海商科大学商学部教授，学生支援センター長，教務センター委員。青森明の星短期
大学客員教授。北海道大学卒業，筑波大学大学院修了。博士（心理学）。NPO 日本教
育カウンセラー協会副会長。北海道・青森教育カウンセラー協会代表。日本教育カウ
ンセリング学会理事。上級教育カウンセラー，ガイダンスカウンセラー，SGE 公認
リーダー。おもな著書：『学級クライシス』（共編）『対話のある授業：教育カウンセ
リングを生かした授業づくり』（編著）『エンカウンターに学ぶグループ学習 10 のス
キル』（共著）（以上，図書文化），『教育カウンセリングとイノベーション』（編著者代
表）（三恵社），ほか多数。

執筆者一覧（執筆順，2020年9月現在）

氏名	よみ	所属	担当章
藤平　　敦	（ふじひら あつし）	日本大学文理学部教授	1章
川端　久詩	（かわばた ひさし）	ＦＲ式不登校対応チャート研究会代表	2章
小沼　　豊	（こぬま ゆたか）	北海道教育大学大学院教育学研究科准教授	3章1
森　　正樹	（もり まさき）	埼玉県立大学保健医療福祉学部准教授	3章2
大橋　良枝	（おおはし よしえ）	聖学院大学心理福祉学部教授	3章3
氏家　靖浩	（うじいえ やすひろ）	仙台大学体育学部教授	3章4
宮地さつき	（みやち さつき）	文教大学人間科学部専任講師	3章5
結城　　恵	（ゆうき めぐみ）	群馬大学大学教育・学生支援機構教授	3章6
水野　治久	（みずの はるひさ）	大阪教育大学高度教職開発系教授	4章
水上　和夫	（みずかみ かずお）	対話のある授業みらい研究所所長	5章2
村田己智子	（むらた みちこ）	富山県教育カウンセラー協会相談役	5章3
大竹　直子	（おおたけ なおこ）	千葉大学総合安全衛生管理機構カウンセラー	6章1
佐藤　至英	（さとう よしてる）	北翔大学生涯スポーツ学部教授	6章2
井上　清子	（いのうえ きよこ）	文教大学教育学部教授	6章3
佐藤　哲康	（さとう てつやす）	川村学園女子大学文学部准教授	6章4
久能　弘道	（くのう ひろみち）	北海道教育大学大学院学校臨床心理専攻教授	6章5
小林　　玄	（こばやし しずか）	東京学芸大学障がい学生支援室講師	7章1
武蔵　由佳	（むさし ゆか）	都留文科大学教養学部准教授	7章2
金山　元春	（かなやま もとはる）	天理大学人間学部教授	9章2
苅間澤勇人	（かりまざわ はやと）	会津大学文化研究センター教授	9章3
中林　浩子	（なかばやし ひろこ）	新潟市立小須戸小学校校長	9章4
山田　洋平	（やまだ ようへい）	島根県立大学人間文化学部准教授	9章5
吉田ゆかり	（よしだ ゆかり）	北海道教育カウンセラー協会事務局長	9章6(1-3)
伊藤　友彦	（いとう ともひろ）	北海道静内高等学校教諭	9章6(4)

教育エクレ

不登校の予防と対応

2020年10月30日　初版第1刷発行［検印省略］
2022年 7 月15日　初版第3刷発行

編 著 者　会沢信彦・諸富祥彦・大友秀人©
発 行 人　則岡秀卓
発 行 所　株式会社 図書文化社
　　　　　　　〒112-0012　東京都文京区大塚1-4-15
　　　　　　　TEL. 03-3943-2511　FAX. 03-3943-2519
本文デザイン・装幀　株式会社オセロ
組　　　版　株式会社　さくら工芸社
印　　　刷　株式会社　厚徳社
製　　　本　株式会社　村上製本所